UN SORTILÈGE DE TROP

Vous aimez les livres de la série

Sabrina
l'apprentie sorcière

Écrivez-nous
pour nous faire partager votre enthousiasme :
Pocket Jeunesse, 12, avenue d'Italie, 75013 Paris.

Sabrina

l'apprentie sorcière

Un sortilège de trop

Margot Batrae

Traduit de l'américain par Bertrand Ferrier

POCKET
jeunesse

Titre original :
While the Cat's Away

Publié pour la première fois en 1999
par Pocket Books, États-Unis

Loi n° 49-956 du 16 juillet 1949 sur les publications destinées à la jeunesse : décembre 2002

ISBN 2-266-11894-3

Tu as envie de lire des romans drôles,
pétillants, irrésistibles ?
Abracadabra !
La série

Sabrina
l'apprentie sorcière

est faite pour toi !

Ce livre est dédié à tous ceux qui, un jour, ont hébergé un animal perdu, ainsi qu'à tous ceux qui ont un animal de compagnie. Qui sait ? Peut-être vos compagnons sont-ils des sorciers déguisés...

1.

Un vent de folie

— Allez, ouste, Salem ! s'écria Sabrina. Bouge-toi de là...

Le chat, perché sur une étagère, la regarda d'un air de reproche. Ses yeux lançaient des éclairs :

— Moi, Salem Saberhagen, me proclame roi, maître et seigneur du placard du couloir. Et si toi, misérable Sabrina Spellman, tu ne me parles pas sur un ton plus respectueux, je te condamnerai à l'ouverture forcée de boîtes de thon pendant dix ans. Prends garde !

— Pousse-toi, Salem, je n'ai pas de temps à perdre : il faut que j'aille prendre mon bus.

— Pfff... Tu n'auras qu'à te zapper au lycée si tu es un peu en retard. Tu as l'habitude, non ?

Sabrina soupira en désignant le monceau de serviettes qu'elle portait :

— Je te dis que je suis pressée...

— Ça va, ça va, ronchonna le chat en sautant souplement à terre. Pour une fois que je me sentais d'humeur joueuse, comme un bon petit chat !

En réalité, Salem était un jeune sorcier. Mais il avait eu la mauvaise idée d'essayer de devenir maître du monde, et il s'était fait attraper par le Conseil des sorciers. Verdict : cent ans d'emprisonnement dans la peau d'un chat ordinaire. Adieu, les pouvoirs magiques ! Le Conseil lui avait quand même laissé le don de parole.

Pour le moment, la sanction n'avait eu aucun effet : Salem ne regrettait pas du tout ses actes. Cependant, quand son chat n'était pas trop grognon, Sabrina appréciait sa compagnie.

L'apprentie sorcière pointa l'index sur les serviettes, et, hop-hop-hop, celles-ci se mirent en pile, impeccablement repassées et pliées, à l'endroit où Salem se trouvait un moment plus tôt. Elles dissimulèrent ainsi les profondeurs du placard. Celui-ci n'était pas un placard comme les autres : c'était un raccourci qui permettait de passer du monde des mortels à l'Autre Royaume, où vivaient la plupart des sorciers.

Être apprentie sorcière n'avait pas que des avantages, mais Sabrina adorait pouvoir voyager d'un monde à l'autre. Elle aimait bien rendre visite à son extravagante tante Vesta, dans l'Autre Royaume ; et elle aimait bien aussi vivre à Westbridge, dans le Massachusetts, avec ses tantes, Hilda et Zelda, et bien sûr ses amis de lycée.

Au moment où elle allait refermer le placard, plic ! elle reçut une goutte. Celle-ci semblait provenir du fond.

— Qu'est-ce que c'est que ce truc ? s'inquiéta la jeune fille.

— Chais pas, maugréa Salem. Je ne suis qu'un pauvre petit chat...

D'autres gouttes jaillirent, puis un grondement puissant s'éleva.

— Ils doivent avoir une belle tempête,

dans l'Autre Royaume, supposa Sabrina en repoussant les portes.

Elle ne parvint pas à les rabattre tout à fait. Un vent rageur l'en empêchait. Sabrina n'avait pas trente-six solutions : contre un ouragan magique, seul un sort magique pouvait l'emporter ! Elle zappa. Les portes se refermèrent aussitôt.

— Et voilà le travail ! claironna l'apprentie sorcière.

Elle n'avait pas achevé sa phrase que les portes se rouvraient sous l'assaut de la tornade. Des paquets de pluie arrosèrent la jeune fille : elle était trempée de la tête aux pieds. Dire qu'elle avait mis deux bonnes heures à choisir sa tenue, hier soir...

Soudain, une bourrasque plus puissante que les précédentes fit voler sa chevelure en tous sens. Le vent s'amplifia encore, et Sabrina se retrouva projetée dans le hall. C'est alors qu'un éclair aveuglant illumina la pièce. L'apprentie sorcière se couvrit les yeux par réflexe. Quand elle les rouvrit, elle s'aperçut que le cyclone soufflait moins fort ; bientôt, le placard se referma de lui-même.

Mais la tempête avait laissé une surprise pour Sabrina : un homme de haute taille, qui la regardait, l'air mauvais, ses longs cheveux noirs en bataille. Ses lunettes en fer massif étaient posées de travers sur son nez. Il portait une veste en skaï trempée, qui gouttait sur le sol du salon. Il tenait à la main un bouquet de fleurs auxquelles il manquait plus d'un pétale, et une boîte de chocolats dégoulinants de pluie.

Salem courut se cacher dans la chambre de Sabrina. Désormais, l'apprentie sorcière était seule pour affronter le nouveau venu...

2.

Massacre en perspective...

Sabrina connaissait cet homme. C'était Drell, le président du Conseil des sorciers... et l'un des sorciers les plus redoutés de tous les univers. Sabrina avait du mal à imaginer que Hilda, facétieuse comme elle était, avait failli devenir la quatre-vingt-treizième épouse de ce redoutable bonhomme, réputé pour sa sévérité [1] !

Un grommellement la tira de ses pensées. Drell s'était mis à grogner dans sa barbe :

— Un, définir où je suis ; deux, com-

1. Lire, dans la même série : *Une rentrée pas ordinaire*.

prendre ce que je fabrique ici ; trois, expliquer comment je suis arrivé là ; quatre...

Sabrina pointa un index sur elle, prête à se zapper avant que Drell ne remarque sa présence. Bien qu'elle n'y fût strictement pour rien, elle pressentait que la mauvaise humeur du sorcier allait lui retomber dessus.

— Que personne ne bouge ! cria Drell en l'apercevant.

— D'accord, d'accord, soupira Sabrina.

« Je l'aurais parié ! songea-t-elle. Il est furieux, et il va passer ses nerfs sur moi... »

— Je vais être en retard, gronda le sorcier.

— Moi aussi, souffla la jeune fille. Peut-être que nous devrions courir à nos rendez-vous, tous les deux, vous ne croyez pas ?

Mais, ô surprise ! Drell ne l'écoutait pas. Il continuait de marmonner :

— C'est simple. Aucun doute à avoir. MaryBeth va me massacrer. Déjà, la dernière fois...

Il regarda autour de lui.

— Oh, non ! s'écria-t-il. Ne me dites pas

qu'en plus cette satanée tempête m'a propulsé chez cette maudite Hilda Spellman.

— Entendu, je ne le dirai pas, promit Sabrina.

— C'est une catastrophe !

— Écoutez, vous allez peut-être penser que je me mêle de ce qui ne me regarde pas, mais une fois que vous aurez séché vos vêtements complètement ringards...

— Complètement ringards, mes vêtements ?

Drell regarda son pantalon en polyester, sa veste rose fluo qui s'ouvrait sur une chemise blanche déboutonnée jusqu'au nombril, et les innombrables chaînes et médaillons dorés qui pendouillaient à son cou.

— C'est que... j'étais dans les années 1970 il y a une minute, s'excusa-t-il.

— Je vois ça. Cela dit, ce n'est pas une raison pour attraper froid. Séchez-vous !

Le sorcier hocha la tête et pointa un index sur lui. L'instant d'après... il était toujours aussi trempé. Étonné, il scruta son index, l'essuya, souffla dessus, le plia, le fit tourner, puis retenta sa chance. En vain.

— Et miel ! grogna-t-il.

— Pardon ?

— Dire miel est une astuce, expliqua Drell : ma mère n'aime pas que j'emploie des gros mots.

— Je comprends..., murmura Sabrina.

« Ne pas rire, surtout ne pas rire, s'ordonna-t-elle. Même un monsieur vieux de huit cents ans a le droit d'avoir peur de sa maman ! »

— Je sais pourquoi mon index ne fonctionne pas, continua le sorcier. C'est la mère Nature, cette sale bonne femme. En 1428, j'ai cassé une fenêtre de sa maison au cours d'un combat de catch... J'avais mal calculé la trajectoire de mon adversaire... une erreur de jeunesse ! Depuis, dès qu'elle peut me retirer mes pouvoirs, c'est-à-dire dès que je sors de l'Autre Royaume, elle n'hésite pas !

— Dans ce cas, peut-être qu'une serviette fera l'affaire..., suggéra Sabrina en se dirigeant vers le placard.

— Non.

— Pourquoi non ?

— Parce que ce n'est pas la peine

d'essayer d'ouvrir ce placard. Les mécanismes anti-tornades de l'Autre Royaume doivent fonctionner, à présent, et les portes de ce passage sont bloquées.

— Mais... jusqu'à quand ?

— Jusqu'à la fin de la tornade. Peut-être dans quelques jours. Peut-être dans quelques années.

— C'est horrible ! gémit l'apprentie sorcière.

— C'est horrible pour moi, oui ! protesta Drell.

— Euh... Bien sûr, c'est ce que je pensais...

Le sorcier se prit la tête dans les mains :

— Si les copains apprennent que je me suis retrouvé coincé dans le monde des mortels sans mes pouvoirs, je vais les entendre ricaner pendant des siècles... Miel de miel !

— Sabrina ? cria Hilda du haut des escaliers. C'est toi que j'entends ?

— Euh... oui...

— Vite ! souffla Drell. Zappe-moi une tenue correcte. Hilda ne doit pas me voir dans cet accoutrement !

Sabrina grimaça. Elle comprenait l'inquiétude de Drell, mais n'était pas pour autant sa bonniche. Un « s'il vous plaît » n'aurait fait de mal à personne ! D'un autre côté, mieux valait ne pas mécontenter le sorcier. Il ne serait pas toujours impuissant !

Elle pointa donc un index sur lui, mais il détourna sa main.

— Attends, prends ça avant de zapper mes vêtements, chuchota Drell en lui tendant une sorte de gâteau en forme de cœur.

— Qu'est-ce que c'est ?

— Tu n'as donc rien appris en sorcellerie ? C'est un gâteau de Désir : si tu le manges en pensant à ce que tu désires le plus, tu l'obtiendras. Ça ne rate jamais ; et ça marche pour tous les types d'êtres vivants : humains, animaux, et même trolls, gnomes, ce genre de créatures, quoi...

— Merci, dit simplement Sabrina.

— Euh... non, je ne te le donne pas. Je te le passe le temps que tu me changes mes vêtements. De toute manière, tant qu'il est mouillé, il ne sert à rien. Plus tard, je m'en servirai pour retourner dans l'Autre Royaume, tempête ou pas.

L'apprentie sorcière n'écoutait plus. Elle rêvait : quel était son vœu le plus cher. Être aimée ? Elle n'avait pas de soucis à se faire de ce côté-là : entre Harvey et David, elle n'avait jamais été en panne de petit ami... au contraire[1] ! Voyager autour du monde ? Grâce à sa magie, elle pouvait le faire quand elle le voulait. Devenir immortelle ? En tant que sorcière, elle l'était déjà ! Alors, quoi ? Peut-être le gâteau magique serait-il capable de trouver lui-même ce qu'elle désirait le plus ?

— Dépêche-toi, grinça Drell. Hilda va débarquer.

Sabrina ferma les yeux et chercha l'inspiration. Enfin, elle chantonna :

Je veux que Drell soit habillé
Bien à la mode de chez nous ;
Bye-bye, les vêtements yé-yé,
Bonjour, les fringues dans le coup !

1. Lire dans la même série : *Un défi pour Sabrina.*

— Aaaaaaah ! Qu'est-ce que c'est moche ! se lamenta le sorcier en contemplant ses nouveaux habits.

La jeune fille dut reconnaître que le résultat était inégal. Drell avait le crâne rasé, un diamant au-dessus de l'arcade sourcilière gauche, un T-shirt sans manches, un pantalon de treillis et des Doc's.

— Mais fais quelque chose, sorcière à la noix ! fit Drell. Je suis complètement ri-di-cule !

Sabrina voulut s'excuser. Trop tard : Hilda entrait dans le salon.

3.

Miam, un gâteau magique !

— Drell ! s'écria la sorcière.

Elle s'arrêta net. Des tas d'expressions se succédèrent sur son visage. La colère, la stupéfaction et l'incompréhension, puis la gêne (son ex-futur mari !), enfin – eh oui ! – l'amour.

— Quelle euh... agréable surprise ! lâcha-t-elle, un peu tremblante. Qu'est-ce que tu fabriques ici ?

Elle essayait d'adopter une attitude normale. Mais sa voix cassée, ses membres flageolants et son visage crispé trahissaient son trouble. Celui-ci s'accentua quand elle aperçut les fleurs et les chocolats que Drell avait dans les mains.

— C'est pour moi ? Oh, il ne fallait pas...

Elle s'approcha. Drell lui tendit les cadeaux. Bien obligé...

— Quelles fleurs magnifiques ! s'enthousiasma Hilda en admirant le pauvre bouquet. Et ces chocolats ! Après toutes ces années loin de moi, tu t'es souvenu que c'était mon péché mignon...

Elle plongea ses yeux dans ceux de Drell :

— Je ne sais pas quoi te dire... C'est si... si inattendu de te voir ici, si bon, aussi...

Elle passa les bras autour du cou de son ancien amoureux. Sabrina ne put en supporter davantage. Quatre siècles plus tard, Hilda ne s'était toujours pas mis dans le crâne que le sorcier ne serait jamais l'Homme de sa vie. C'était triste à voir...

En se retirant, l'apprentie sorcière zappa discrètement une tenue correcte à sa tante, puis fonça dans sa chambre. Là, pof-pof-pof, elle pointa tout ce dont elle avait besoin : cahiers, livres, agenda, stylo, devoir de français, et... et c'est tout.

En partant, elle pensa à laisser le gâteau magique sur son bureau. Il avait déjà un peu séché. Bientôt, Drell pourrait s'en aller.

L'apprentie sorcière regarda le sortilège avec envie. Bien sûr, il n'était pas à elle... mais si elle en mangeait un petit morceau... Un tout petit morceau... Non ! Sabrina secoua la tête, résista à la tentation et sortit de sa chambre.

Salem se releva. Comme souvent, il s'était allongé sur le lit de l'apprentie sorcière, et celle-ci ne s'en était même pas aperçue. Dès qu'elle eut tourné les talons, il se dirigea vers le gâteau de Drell. Il comprit aussitôt de quoi il s'agissait et passa une langue gourmande sur ses babines.

— Un bon petit gâteau magique pour moi ? murmura-t-il. Comme c'est touchant !

Il le goûta. Un peu mouillé, mais pas mauvais. Il souffla dessus et le mangea. Pendant un moment, il ne se passa rien. Puis une lumière rose vif inonda la pièce et se concentra sur Salem. L'instant d'après, le chat avait disparu. À sa place, il y avait un jeune homme de dix-sept ans, en T-shirt et jeans noirs. Ses cheveux de jais hirsutes lui tombaient sur les oreilles, qu'il avait légèrement pointues.

La lumière rose venait de s'évanouir quand la porte s'ouvrit à la volée.

— Mon cahier de français, grommela Sabrina en fonçant vers son étagère. Où j'ai bien pu le fourrer ? Aaaaah ! Qui... qui t'es, toi ?

Elle recula précipitamment, le cœur battant la chamade, l'index prêt à la détente. Il y avait un garçon dans sa chambre !

— Salut, Sabrina ! répondit celui-ci tranquillement.

— Qui tu es, et qu'est-ce que tu fiches ici ?

— Eh bien, en voilà des manières ! Je suis ton ami, voyons...

— Je ne te connais pas.

— Mais si ! Tu me connais.

— Non !

— Si. Allez, pour t'aider à deviner, j'accepte de jouer au portrait chinois !

L'apprentie sorcière grimaça. Le premier instant de stupeur passé, elle sentait la colère la submerger.

— Tu m'expliques ce que tu fabriques ici, ou alors...

— Je suis un ami de la famille. Tu ne me reconnais pas ?

Il darda sur la jeune fille ses yeux vert et doré. Sabrina frémit :

— Salem ?

— Lui-même !

— Impossible ! Tu as été condamné pour cent ans.

— Les cent ans sont passés.

— Menteur...

— On m'a écourté ma peine parce que je me suis bien comporté.

— Ça m'étonnerait...

— Bon, j'avoue, on a annulé ma condamnation juste parce que j'étais beau. C'est dommage pour tous ceux qui sont laids, mais bon...

— Salem, où est le gâteau magique de Drell ?

— Le *quoi* ?

— Tu sais très bien de quoi je veux parler.

— Un gâteau ? Voyons voir... J'en ai mangé un qui traînait sur ton bureau, il n'y a pas très longtemps... C'est ça ?

L'apprentie sorcière était effondrée :

— Tu es complètement fou, Salem ! Tu te rends compte des ennuis qui t'attendent ?

— Des ennuis ? Où ça ? Moi, je trouve ça classe. J'ai décidé d'être un beau garçon qui gouvernait le monde. Apparemment, je n'ai pas récupéré mes pouvoirs, mais, malgré ce détail, je suis assez content de ma situation.

— Salem, tu ne peux pas être maître du monde ! Nous autres ados, nous ne gouvernons rien du tout. Nous n'avons aucun contrôle sur notre vie ; alors, arrête de rêver !

— Aucune importance ! lança gaiement Salem en agitant ses mains. Même si ce n'est pas l'idéal, maintenant, je peux ouvrir mes boîtes de thon moi-même. C'est déjà ça !

Il avait l'air si heureux que Sabrina hésita. Si elle-même était transformée en chat, n'aurait-elle pas envie, elle aussi, de redevenir une humaine, coûte que coûte ? Mais quand le Conseil apprendrait que Salem avait échappé à sa sanction, les oreilles de Sabrina allaient chauffer ! Le président du Conseil lui avait confié un gâteau de Désir, et elle avait laissé un condamné en profiter...

La jeune fille n'avait pas le choix. Elle ne pouvait pas récupérer le gâteau ; par contre, elle pouvait agir sur Salem. Elle pointa un index sur le jeune homme qui lui faisait face, et elle chantonna :

Salem, abandonne
Ta forme d'humain,
Et, je te l'ordonne,
Redeviens félin !

Des étincelles crépitèrent autour de la tête de Salem. Puis elles disparurent, et Salem salua Sabrina en agitant les doigts de sa main. Étonnée, la jeune fille testa son index en visant le plafond. Un éclair jaillit, et un coup de tonnerre retentit, faisant trembler la pièce.

Apparemment, ses pouvoirs fonctionnaient. Ce n'étaient pas eux qui étaient en cause. Sabrina avait dû mal formuler son sort. Elle retenta sa chance :

Allez, maintenant, ça suffit :
Que Salem redevienne un chat

Jusqu'à ce qu'il ait accompli
La sanction qu'on lui infligea.

Pof ! Une nouvelle pluie d'étincelles auréola Salem... et ce fut tout. Sabrina inspira et expira à fond. Elle essayait de rester calme, mais c'était peine perdue. Dans des moments comme celui-là, elle ne pouvait s'empêcher de rêver : ah, si seulement elle n'était qu'une ado comme les autres ! Mais non, il avait fallu que sa mère s'amourache d'un sorcier, et qu'elle-même soit obligée de vivre dans cette maison de fous... ou plutôt, de folles !

C'est sûr, elle n'avait pas de chance : son père était un sorcier, et sa mère une mortelle. Résultat, elle n'avait pas le droit de la voir avant ses dix-huit ans. Elle savait juste que c'était une archéologue et qu'elle travaillait sur des chantiers de fouilles au Pérou. Si Sabrina portait les yeux sur elle ne serait-ce qu'un quart de demi-millième de seconde, Mme Spellman serait transformée en statue de cire. Sympa, non ? Et surtout drôlement pratique pour demander conseil à quelqu'un de confiance, quand quelque chose clochait dans la vie de l'apprentie sorcière...

Sabrina se résolut à appeler son père. Celui-ci vivait dans l'Autre Royaume et ne communiquait avec elle qu'à travers son manuel de magie[1]. Impossible de parler vraiment avec lui ; mais en tant que sorcier expérimenté, il pouvait l'aider quand elle avait des problèmes de magie. Et, justement, elle avait un gros, gros souci...

1. Lire dans la même série : *Une soirée de rêve.*

4.

Un papa pas comme les autres

À la section « S » de son manuel de magie, Sabrina chercha le nom de son père. Elle tomba sur son portrait. La mise soignée, Edward Spellman arborait fièrement une impeccable chevelure couleur d'ébène et une moustache fournie. « Un peu dépassé comme look mais pas mal », estima sa fille.

Elle appuya sur le portrait et sentit le livre vibrer sous sa main. Bientôt, le portrait s'anima et un grand sourire éclaira le visage d'Edward Spellman.

— Hé, Sabrina ! C'est gentil de venir faire un petit coucou à ton vieux papa. Qu'est-ce qui me vaut l'honneur de ta visite ?

— Euh... rien de particulier, mentit la jeune fille. J'avais juste envie de te parler.

— Tu ne vas pas être en retard au lycée ?

— J'ai renoncé à prendre le bus, ce matin. Je me téléporterai tout à l'heure, alors j'ai tout mon temps...

Le sorcier hocha la tête :

— Le transfert moléculaire instantané, c'est pratique, hein ? Dis-moi, c'est ton nouvel ami, là-bas ?

Il désignait du menton Salem. Celui-ci lui adressa un salut pseudo décontracté, que Sabrina trouva ridicule mais qui fit éclater de rire Edward Spellman.

— Hé, il est cool !

L'apprentie sorcière détestait quand son père essayait de jouer les « jeunes branchés ». Elle grimaça et essaya de recentrer la conversation :

— Ouais, ouais, il est cool, mais je...

Hélas, le sorcier rebondit aussitôt :

— Il est des nôtres ?

— Euh, oui, mais je...

— Tu sais, parfois, je m'inquiète pour toi.

— Pour moi ? Pourquoi ?

— Tu vis dans le monde des mortels, et j'ai peur que tu te retrouves dans la même situation que ta mère et moi...

Un voile de tristesse passa dans le regard du sorcier. Sabrina éclata d'un rire qui sonnait un peu faux :

— Je n'en suis pas encore là, papa ! Je n'ai pas l'intention de me marier. Par contre, j'aurais une question : tu connais les gâteaux de Désir ?

— Si je connais ! Je me souviens qu'en 1776, j'en ai eu un et...

Le sorcier rougit :

— Enfin, tu es jeune, tu sais ce que c'est... Mais pourquoi tu me parles de ça ?

— Oh, c'est juste que le Maître de magie va m'interroger sur le sujet... Et y a-t-il un moyen d'inverser ce sortilège ?...

— Tu veux dire : d'empêcher l'autre de réaliser son vœu le plus cher, une fois qu'il a mangé le gâteau de Désir ? Non, aucune magie n'est assez forte pour ça. La seule manière d'annuler le processus...

— Oui ?

— ... c'est que la personne qui a mangé le gâteau en ait assez de sa nouvelle vie.

Sabrina vacilla.

— Il n'y a vraiment aucun autre moyen ? insista-t-elle.

— Strictement aucun. Quand tu as obtenu ce que tu désires, nul ne peut plus te l'arracher.

Edward Spellman sourit :

— J'espère que ton interro de magie va bien se passer.

Sabrina lui rendit son sourire, mais elle pensait à autre chose : Salem venait d'ouvrir la fenêtre de sa chambre et s'apprêtait à bondir. Il avait aperçu un oiseau, et ses réflexes de chat ne l'avaient pas quitté !

— Salem ! cria l'apprentie sorcière sans réfléchir.

Le jeune homme sursauta et, très lentement, se résolut à refermer la fenêtre.

— Il s'appelle Salem, comme ton chat ? s'étonna Edward Spellman.

« Trouver un truc, et vite ! »

— Euh... Oui, oui... C'est un nom assez répandu chez les sorciers, non ?

— C'est assez rare chez les jeunes sorciers, mais j'aime bien les prénoms un peu rigolos...

— Sabrina ! s'exclama Hilda du bas des escaliers. C'est toi qui as crié ? Tu es encore là ?

— Hum, désolée, papa, mais il va falloir que j'y aille. Salut !

Elle rabattit doucement le livre sur son père, puis se tourna vers Salem :

— Tiens-toi tranquille, vu ?

Avant que Salem ait pu répondre, les marches craquèrent, et Hilda tambourina à la porte de Sabrina. L'apprentie sorcière sentit la panique l'envahir. Elle se tourna vers la porte :

— Deux secondes ! Je finis de me changer !

Puis elle se retourna vers Salem. Le jeune homme avait déjà disparu... par la fenêtre.

— Sabrina, ouvre-moi tout de suite ! exigea Hilda.

L'apprentie sorcière obéit. Sa tante se jeta dans ses bras :

— Drell va sûrement rester ici quelques jours, Sabrina, je n'arrive pas à y croire, c'est comme si mon vœu le plus cher se réalisait enfin, je suis si heureuse, ma Sabrina chérie, si heureuse !

Elle fixa sa nièce avec un regard soudain sévère :

— Je veux qu'il soit servi comme un roi. Compris ?

— Compris.

— Ses désirs sont des ordres. Compris ?

— Compris.

— C'est important pour moi, Sabrina, *très* important...

La jeune fille acquiesça. Sa tante lui adressa un immense sourire et sortit en courant.

5.

Dites-moi que je rêve !

Sabrina s'apprêtait à rappeler Salem quand Drell entra sans frapper.

— À nous deux, maintenant ! déclara le sorcier. Qu'est-ce que c'est que cette tenue ridicule dont tu m'as affublé ?

— Ridicule ? Elle n'est pas ridicule du tout !

— Change-moi ça immédiatement. C'est un ordre !

« Tu m'en diras tant... », songea Sabrina. Elle pointa l'index et zappa. Cette fois, Drell était habillé dans une très jolie tenue rose et bleu.

— C'est du délire ! s'exclama-t-il en levant les bras au plafond.

Avant que le sorcier ne l'étrangle, Sabrina lui zappa une tenue plus convenable. Hélas, elle avait la tête ailleurs, et Drell se retrouva avec des dreadlocks, un pantalon baggy, un bonnet péruvien, une barbe de quatre mois, et un vieux T-shirt à l'effigie de Zurribanda, le groupe préféré de Hilda depuis quelque temps. Stylé, mais certainement pas comme le rêvait le vieux sorcier.

— Tu le fais exprès ou quoi ? fulmina le président du Conseil.

Boum !

Sabrina se retourna en sursaut. Salem venait de rentrer par la fenêtre.

— Hé, Sabrina, tu..., cria-t-il avant de s'interrompre en apercevant Drell.

— Tu as de la visite, Sabrina, constata celui-ci.

— Drell, voici Sal... euh, Salomon. C'est... comment dire ? mon petit ami. Salomon, je te présente Drell.

— Enchanté, prétendit Salem en tendant sa main.

Drell refusa de la serrer et foudroya Sabrina du regard :

— Arrête de me prendre pour un troll

sans cervelle ! Tu croyais vraiment que je ne reconnaîtrais pas le regard vicieux de SALEM SABERHAGEN ?

L'apprentie sorcière frissonna. Elle était pourtant assez fière de son mensonge ! Hélas, il n'avait pas suffi. Même sans ses pouvoirs, Drell avait une intuition redoutable.

— Alors, Salem, tu m'as l'air en forme..., grinça le sorcier. En forme d'humain, même !

— C'est vrai, mon corps a changé, ces derniers temps, répondit Salem-Salomon. Ça doit être l'adolescence...

Drell ne parut pas apprécier la plaisanterie :

— Tu as mangé mon gâteau de Désir ?

— Non !

— Menteur !

Le jeune homme baissa la tête :

— Bon, d'accord, je l'ai mangé, mais je n'ai presque pas fait exprès !

— Sabrina, dis-moi que je rêve, exigea Drell.

— Vous rêvez, murmura docilement l'apprentie sorcière.

— C’est un cauchemar.

— C’est un cauchemar.

— Mon seul espoir d’échapper à Hilda...

— Votre seul espoir d’échap...

— Ah, ça suffit, toi ! Explique-moi plutôt comment tu vas faire pour arranger la situation !

Sabrina avança les mains devant elle :

— Là, comme ça, de but en blanc, je n’en ai aucune idée. Mais je vous promets que je trouverai.

— Très vite ? demanda Drell d’une toute petite voix.

— Très vite, promis-juré.

Le sorcier avait l’air complètement abattu.

— Sympa, votre futal, le complimenta Salem.

Drell le toisa avec mépris avant de se diriger vers la porte. Au moment de quitter la pièce, il posa ses yeux sur l’apprentie sorcière. Au cas où elle n’aurait pas compris qu’elle avait intérêt à trouver d’urgence une solution...

Elle ferma les yeux, serra son sac contre

elle et essaya d'analyser la situation. Dans l'immédiat, il n'y avait qu'une chose à faire :

— On va au lycée, annonça-t-elle à Salem.

Le jeune homme se mit à rire :

— *Tu* vas au lycée.

— Oui, *je* vais au lycée, mais *tu* viens avec moi.

— Laisse-moi ici : je te promets que je serai hyper sage.

— Toi, sage ? Quand les poules auront des dents, et encore...

— Allez, fais-moi un peu confiance, quoi !

— Non, je ne te laisserai pas là ! Pour que Hilda ou Zelda te surprenne ?

— C'est ta chambre. Elles n'ont pas le droit d'y entrer.

— Bien dit ! Ça ne les empêche pas de venir fouiner quand même.

— Tu devrais porter plainte auprès du commissaire aux Nations unies pour les droits des enfants à disposer de leur chambre.

— J'y penserai. En attendant...

— Non, pitié ! Ne me zappe pas au lycée !

Au pire, je veux bien que tu me zappes dans un magasin de coussins en soie.

— Salem...

— Ou à Disney World. Ou à...

— Désolée, mais tu es un ado comme moi, et les ados doivent aller au lycée.

— J'ai pas envie.

— Et moi ? Tu crois que j'en ai envie ?

— Toi, c'est normal que tu y ailles. Hilda et Zelda te nourrissent et te logent pour ça. Moi, le lycée, c'est pas mon truc : il faut que je devienne maître du monde.

— Tu n'auras qu'à préparer tes mauvais coups là-bas !

Et Sabrina se téléporta au lycée de Westbridge avec Salem.

6.

Salem fait des siennes

Décidément, Sabrina n'était pas concentrée ! Son sort de téléportation les fit atterrir, Salem et elle, en plein dans le placard où les femmes de ménage stockaient leurs produits nettoyants. Juste au moment où la sonnerie du lycée retentissait !

— Tout le monde en classe ou je vous mets tous en retenue ! grondait M. Kraft.

— Salem ! siffla l'apprentie sorcière.

Le chat avait froncé le nez et humait l'air comme il l'aurait fait quelques heures auparavant.

— Arrête dc faire ton intéressant !

— Hé ! C'est pas ma faute si j'ai été chat pendant des mois et des mois...

« Si, justement », songea Sabrina. Mais son ex-chat n'avait pas fini ses bêtises. Il bondit pour se rapprocher de la jeune fille. Sa tête heurta une étagère.

— Aïe !

— Salem, arrête, on va nous repérer !

Gling-pof-schtinck ! Les flacons qui étaient sur l'étagère étaient tombés par terre. Des bruits de pas retentirent dans le couloir. Sabrina eut à peine le temps de zapper les bouteilles brisées pour qu'elles disparaissent. La porte s'ouvrait déjà sur un M. Kraft soufflant comme un phoque.

— Mademoiselle Spellman ! Quelle surprise ! Oh, et vous n'êtes pas seule. À qui ai-je l'honneur ?

— Saberhagen, Salomon Saberhagen.

— Ravi de vous rencontrer dans un placard, monsieur Saberhagen. Sabrina, je suppose que vous étiez en train de... Non, je ne préfère rien supposer. Expliquez-moi vous-même ce que vous fabriquiez dans ce placard avec un jeune homme !

— Ce n'est pas du tout ce que vous croyez, monsieur Kraft !

— Ah bon ? Et qu'est-ce que je crois ?

Sabrina grimaça.

— Je crois que vous avez bien mérité tous les deux d'être collés cette après-midi, reprit le proviseur.

— Mais, monsieur, je ne suis même pas inscrit ici..., protesta Salem.

— Ah ? Tant pis : mademoiselle Spellman sera collée à votre place. C'est beau, l'amour...

— Vous vous trompez complètement ! affirma Sabrina, hors d'elle.

— Mademoiselle Spellman, quand j'aurai besoin d'un conseil idiot, je vous le demanderai. En attendant, je vous défends de me parler sur ce ton. Et maintenant, en classe !

Le proviseur tourna les talons.

— Tu es fier de toi, *Salomon* Saberhagen ? lâcha Sabrina.

— Hé ! C'est toi qui nous as zappés dans ce réduit, non ?

Sabrina haussa les épaules. Avec Salem, une chose était sûre : elle n'aurait jamais le dernier mot.

— Bon, allcz, direction le cours de français.

— Euh, Sabrina...

— Quoi encore ?

— Je... j'ai un peu peur.

L'apprentie sorcière ouvrit de grands yeux :

— Peur ? Peur de quoi ?

— D'aller en cours.

— Tu plaisantes ?

— Non. Ça... ça m'impressionne d'être le petit nouveau. Je n'ai plus l'habitude. Je n'ai pas envie d'être ridicule. Tu imagines si je ne suis pas à la hauteur ? Tout le monde va se moquer de moi !

« Après ce que tu m'as fait endurer ce matin, ce sera bien fait ! », pensa la jeune fille. Elle tenait enfin l'occasion de se venger. Pourtant, elle savait qu'elle n'en profiterait pas. Elle aussi avait été dans cette situation. Et autre chose : elle aimait son chat. Il avait beau être l'un des plus catastrophiques inventeurs d'embrouilles de tous les mondes réunis, elle s'était attachée à lui. Difficile de l'abandonner maintenant. Et une dernière chose : si Salem se comportait de manière trop bizarre, c'est sur elle que ça retomberait. Il valait mieux l'aider !

— Écoute, Salem, je vais être honnête

avec toi. Le premier jour de classe est toujours difficile. Si on te catalogue comme un ringard dès le début, tu es mort.

— Qu'est-ce que je dois faire pour éviter ça ?

— Aucune idée. Il n'y a pas de formule magique. Par contre, évite de courir après les souris, de te lécher les mains et de te frotter aux gens pour qu'ils te caressent. Ça, c'est la honte assurée.

Salem la regarda de ses yeux vert et doré :

— Tu es sûre que tu ne préfères pas me téléporter à la maison ?

Sabrina imagina un bref instant la tête de ses tantes découvrant le pot aux roses. Tout, mais pas ça !

— Sûre et certaine. Allez, viens, monsieur le Maître du monde. Je vais te présenter à la prof. Je suis sûre que tu vas l'adorer.

7.

Des débuts en fanfare

— Madame... Je vous présente Salomon Saberhagen, mon cousin, commença Sabrina. Il vient de...

— Hollywood, intervint Salem. Mon père est producteur de cinéma ; moi-même, je me destine à une carrière d'acteur.

Le mot « cinéma » fit merveille. Dès qu'elle l'entendit, le professeur adressa un sourire charmé au jeune homme.

— Bonjour, Salomon. Je m'appelle madame Alexia Dupuis. Vous êtes en vacances ici ?

— Oui, je suis là pour quelque temps. En fait, je suis venu pour décompresser un peu.

Je viens de tourner mon premier film, et si vous saviez le stress que c'est...

— J'imagine ! En tout cas, Salomon, je vous souhaite la bienvenue dans cette classe. Venez, que je vous présente aux autres élèves.

Mme Dupuis frappa dans ses mains :

— Votre attention, s'il vous plaît. Je vous présente Salomon Saberhagen, qui nous vient de Hollywood.

— Hollywood ? s'écrièrent les élèves, admiratifs.

« Bien joué, Salem », songea Sabrina en trouvant une place près de Val, sa meilleure amie.

— Son père est producteur de cinéma, et lui-même vient de tourner son premier long-métrage..., continua Mme Dupuis.

— Wouaaaaah ! s'exclama la classe en l'applaudissant.

— Ici, il y a une place, madame ! indiqua Libby Chessler.

Salem adressa un salut général à la classe et alla s'asseoir à côté de la grande, belle et insupportable pom-pom girl.

Pendant le cours, Sabrina vit son ex-chat

échanger quelques mots et presque autant de clins d'œil avec Libby. Décidément, Salem avait le chic pour se faire apprécier des gens, même les plus pénibles. L'apprentie sorcière était soulagée. Enfin une bonne nouvelle après un début de journée catastrophique ! Si seulement ça pouvait durer...

— Comment j'ai été ? s'empressa de lui demander Salem à la sortie.

— Super ! Même si je trouve que tu y as été un peu fort avec Hollywood...

— Il faut ce qu'il faut. Je ne voulais pas que tu ruines ma réputation en expliquant que je venais d'un trou perdu au milieu de nulle part !

Ils se dirigèrent vers le casier de Sabrina.

— Tu crois que le plus dur est passé ?

— Si tu évites les bourdes d'ici la fin de la journée, c'est bon ! affirma la jeune fille. Mais, un conseil : ne traîne pas trop avec Libby Chessler.

— Pourquoi ?

— C'est trop risqué.

— Dommage..., soupira Salem. Elle n'est pas mal du tout.

Sabrina leva les yeux au ciel. Ces garçons,

tous les mêmes ! Ils se laissaient fasciner par les apparences alors que la véritable beauté était intérieure, non ? Elle pensa à Harvey... et se dit que, en fin de compte, la beauté extérieure, ce n'était pas mal non plus.

La matinée se déroula sans incident notoire. En cours de maths, Salem voulut s'asseoir près de Sabrina. Mais Harvey s'interposa et, le visage fermé, il s'installa d'office à la place que Salem guignait.

« Mon petit ami est jaloux de mon chat ! », s'amusa l'apprentie sorcière.

Pour le déjeuner, Salem exigea que Sabrina lui zappe une bouteille de lait. L'apprentie sorcière s'exécuta discrètement. Le problème, c'est que Val demanda si elle pouvait en boire un peu.

— Non, pas question, c'est *mon* lait ! siffla Salem en agrippant sa bouteille.

Puis il se reprit en voyant le regard stupéfait de la jeune fille :

— Je veux dire : je suis un peu malade, et comme j'ai bu au goulot...

— Ah, d'accord..., murmura Val, un peu étonnée quand même. J'espère que tu vas guérir bientôt.

Val, Harvey, Salem et Sabrina étaient assis dans le parc du lycée.

— Alors, comme ça, tu fais du cinéma ? lança Harvey entre deux bouchées de sandwich.

— Ça doit être fabuleux, soupira Val. Les caméras, l'ambiance sur le plateau, la gloire...

— J'ai de la chance, reconnut Salem. Au début, je voulais être basketteur professionnel, mais j'ai arrêté avant d'être classé à la draft[1].

— Basketteur professionnel ? C'est tellement romantique ! s'enthousiasma Val.

— Ha, ha, gloussa Harvey. Toi, basketteur ? Excuse-moi : est-ce que tu n'es pas un peu petit pour ça ?

Salem hocha la tête et murmura :

— Voyons, Harvey ! Sabrina m'a dit que tu faisais du basket.

— Et alors ?

— Et alors tous les bons basketteurs

1. Tournoi réunissant les meilleurs basketteurs qui espèrent jouer en NBA, la 1re division américaine.

savent que la taille n'est qu'un élément secondaire. Ce qui compte, c'est la VSD.

— La quoi ?

— La VSD. La vivacité, le souffle et la détente.

— Ah oui, bien sûr, la VSD..., grogna Harvey.

Les cils de Val papillonnèrent :

— Comme tu parles bien, Salomon !

— N'empêche que personne n'a voulu de toi dans une équipe pro, souligna le petit ami de Sabrina.

— Si, si, les Lakers et les Bulls étaient intéressés, affirma Salem. Mais je n'aimais pas l'ambiance. Et puis, franchement, passer ma vie dans un gymnase à marquer des paniers... Ça ne m'intéressait pas. C'est pour ça que j'ai préféré devenir acteur.

— Parle-nous de ton film, le supplia Val, des trémolos dans la voix.

— C'est encore top secret... Disons que c'est une sorte de comédie à gros budget, tournée par Steven Spielberg avec deux vedettes : Jennifer Lopez et moi.

— Waouh !

Val avait l'air sérieusement fascinée par

Salem. Petit à petit, elle s'était rapprochée du jeune homme, qui ne semblait pas pressé de s'enfuir, au contraire ! Un sourire soulagé apparut sur le visage de Harvey : il comprenait qu'il n'avait rien à craindre de Salomon. Le cousin de Sabrina n'était pas un rival pour lui.

— Donc tu as arrêté le basket ? reprit-il sur un ton moins agressif.

— J'y joue encore, mais en amateur, désormais. On pourrait faire quelques paniers, un de ces jours, tu ne crois pas ?

— Volontiers !

— Hé, regardez qui voilà ! s'exclama Val.

Libby Chessler se dirigeait majestueusement vers le petit groupe, entourée de ses insupportables copines. Soudain, des cris s'élevèrent :

— Vous pourriez pas vous bouger, les filles ?

— Ouais, on joue au foot, nous !

Libby éclata d'un rire méprisant :

— Désolée, les bébés, mais il va falloir attendre un peu pour jouer à la baballe. Ce terrain n'est pas à vous, que je sache ! Et j'ai justement envie de m'y promener un peu...

— Tu as vraiment besoin de te promener *au milieu* ? siffla un garçon.

— Besoin, non. Envie, oui.

L'un des footballeurs, furieux, shoota de toutes ses forces dans le ballon. Direction : la tête de Libby. La pom-pom girl vedette vit approcher le projectile à vitesse hyper grand V. Elle ne pouvait rien faire pour l'éviter. Ses amies poussèrent un cri strident. Et Salem bondit. Souple comme le chat qu'il avait été (et qu'il serait de nouveau bientôt, espéra Sabrina), il sauta, capta le cuir et retomba en souplesse.

L'action s'était déroulée en un éclair. Les spectateurs eurent besoin de quelques secondes pour comprendre ce qui s'était passé. Libby regardait droit devant elle, comme si elle s'attendait encore à se prendre le ballon en plein visage. Enfin, elle fixa Salem, incrédule.

— Tu m'as sauvé la vie, dit-elle.

— N'exagérons pas. J'ai juste empêché que tu sois défigurée à tout jamais.

— Merci. Tu as beau être le cousin d'une cruche, tu es un mec super.

Après un dernier sourire, elle s'éloigna avec ses amies.

— Hé, c'est dingue, ce que tu as fait ! lança un des footballeurs à Salem en récupérant le ballon.

— T'as une détente d'enfer ! renchérit un autre. Tu viens jouer dans les cages ?

— J'aurais bien aimé, mais je n'ai pas pris ma tenue. Une autre fois, peut-être ?

— Quand tu veux !

Harvey s'approcha et posa la main sur l'épaule de Salem.

— J'ai eu tort de douter de toi, Salomon. Vu tes réflexes et ta puissance, tu es sûrement un très bon basketteur. J'ai hâte qu'on se retrouve sur un parquet !

Sabrina sourit. Décidément, elle avait eu raison d'emmener Salem au lycée ! Il avait fasciné la classe, conquis tous les sportifs, fait craquer Val et séduit Libby Chessler en personne. Pourvu qu'il continue comme ça !

8.

De mieux en pire...

Sabrina était collée pour la fin de l'après-midi. Elle allait donc devoir laisser Salem sans surveillance ! Elle le téléporta dans sa chambre. Elle avait une peur panique de ce qui pourrait se passer quand elle ne serait pas avec lui. Avec un peu de chance, il aurait gardé ses bonnes vieilles habitudes et il se serait couché en boule sur sa couette.

Quelle horreur ! Sabrina n'aimait pas du tout l'idée qu'un garçon (même Salem !) pique un somme sur *son* lit à elle... Cependant, c'était sans doute le moins pire de ce qui pouvait arriver.

Le problème, c'était que Salem ne renoncerait pas tout seul à conserver une apparence humaine. Il n'avait pas du tout l'air d'en avoir assez de sa vie de lycéen. Normal : pendant les deux heures de cours de l'après-midi, il avait continué avec succès son opération séduction. La prof de maths avait été fascinée par sa capacité à expliquer simplement les problèmes que la classe ne comprenait pas. Normal, Sabrina avait chantonné :

Tant qu'il sera lycéen,
Je veux que Salem
Comprenne tout vite et bien,
Comme les profs aiment !

Ensuite, le prof de gym avait été tellement surpris par la détente de « Salomon » Saberhagen qu'il lui avait promis de s'arranger pour qu'il ait le droit de jouer dans une équipe du lycée, même s'il n'était pas inscrit dans l'établissement. Enfin, M. Kraft lui-même avait appris à apprécier le nouveau : Salem avait réussi à grimper à un endroit quasiment inaccessible pour rebrancher un fil d'interphone déconnecté.

— J'ai été champion des États-Unis

d'escalade en cadets, expliqua modestement le héros.

Sabrina était fière de son chat. Fière et un peu jalouse. En une journée, Salem avait séduit tout le monde dans son lycée. Elle ne lui arrivait pas à la cheville. C'était vexant.

La jeune fille essaya de chasser ces pensées. Lorsqu'elle put se téléporter chez elle, elle trouva Hilda dans la cuisine avec Drell. La sorcière s'était zappé une robe rouge hyper moulante et beaucoup trop décolletée. Ses cheveux étaient relevés dans un chignon impeccable, et son visage illuminé par un sourire éclatant.

— Comment va ma petite nièce préférée ? minauda-t-elle. N'est-ce pas qu'elle est mignonne, Drell chéri ?

— Mouais, mouais, grogna Drell chéri.

Le président du Conseil foudroya du regard la jeune fille. « Je veux d'autres vêtements », lui cria-t-il en silence. Sabrina zappa sans réfléchir, et le redoutable sorcier se retrouva en pantalon court hawaïen et T-shirt. Et quel T-shirt ! Sur le tissu rose bonbon, on pouvait lire :

Drell lança un regard horrifié à Sabrina.

— Sabrina, mon chou, Drell a accepté de rester pour dîner, reprit Hilda. J'ai pensé qu'on pourrait tous manger en famille...

— Merci, mais sans moi, avertit Zelda en entrant dans la pièce.

Le visage de Hilda se décomposa. Sa sœur rectifia :

— J'aurais beaucoup aimé partager votre repas ! Hélas, j'ai réservé une table au restaurant chinois du coin.

Sabrina sauta sur l'occasion :

— On avait dit qu'on dînait toutes les deux, c'est ça ?

Zelda sourit et opina. L'instant d'après, Drell et Hilda étaient de nouveau seuls dans la cuisine. Zelda et Sabrina s'installèrent sur le canapé du salon.

— C'est horrrrrrrible, se plaignit la sorcière. Hilda est dans tous ses états. Quant à l'autre, là... Je ne comprends pas ce qu'il fiche chez nous. Il a l'air de passer un mauvais quart d'heure. Mais il n'est pas obligé de rester ici, hein ?

Sabrina se dépêcha d'approuver de la tête. Apparemment, Drell avait décidé de garder le secret sur la véritable raison de sa présence chez les Spellman. Peut-être pour laisser Sabrina chercher une solution à son problème... et peut-être surtout pour ne pas se payer la honte de sa vie. Lui, le grand sorcier, s'être laissé surprendre par une banale tempête !

— Il doit manigancer quelque chose, reprit Zelda, songeuse. Mais quoi ?

— Avec lui, on ne peut jamais savoir, répondit Sabrina.

— À propos, tu as aperçu Salem ? Je ne l'ai pas vu de la journée.

« Moi, si, merci... »

— Il doit se cacher pour éviter Drell et Hilda, suggéra Sabrina.

— Pas impossible. Ce chat n'est pas si bête, en définitive...

L'apprentie sorcière approuva avec conviction. Puis elle prit la télécommande et choisit la chaîne météo de l'Autre Royaume.

Un présentateur assez sexy souriait de toutes ses dents devant une carte barrée de nuages noirs et d'éclairs.

— Le temps ne va pas s'arranger ces prochains jours, annonça-t-il d'une voix guillerette. Des vents devraient continuer de souffler en rafales pendant au moins quatre jours, et de fortes pluies sont attendues pour corser le tout. Le passage qui mène de l'Autre Royaume au monde des mortels est toujours fermé à la circulation.

— Voilà pourquoi Drell reste ici, murmura Zelda.

— Mais, franchement, reprit le play-boy de la télé, qui aurait envie de quitter notre sympathique contrée pour aller visiter cette bande de barbares, ha, ha, ha ? Allez, les infos pratiques : demain, nous fêterons les Harry et le soleil se lèvera à 7 h 12, même s'il est difficile à voir à travers les nuages. Bisous à tous ! Je vous retrouve pour le prochain bulletin météo à...

Sabrina éteignit la télé. Quatre jours à tenir ? Quelle horreur ! Il n'y avait plus qu'un espoir : que les prévisions soient fausses.

L'apprentie sorcière se tourna vers Zelda. Celle-ci était déjà partie, probablement pour s'enfermer dans son labo : c'était une bonne excuse pour ne pas être dérangée par sa sœur !

À cet instant, la porte de la cuisine s'ouvrit à la volée. Dès que Sabrina vit Drell apparaître, elle lui zappa une autre tenue.

— Aaaaaargh ! cria le sorcier pour tout remerciement.

Trop tard ! Avant même de constater les dégâts, la jeune fille avait pointé l'index vers elle et s'était téléportée dans sa chambre.

— Salem, tu es là ? demanda-t-elle.

Pas de réponse.

Elle regarda sur son lit. Sous son lit. Sous son bureau. Dans ses placards. Au plafond (on ne sait jamais). De nouveau sous son lit.

— Salem, c'est pas drôle ! protesta-t-elle.

À tout hasard, elle jeta un œil dans sa grande poubelle. Salem n'y était pas.

Il n'était pas dans sa chambre. Il avait bel et bien disparu.

9.

Et ce n'est qu'un début...

« Non, non, non, non, non et non ! »

Sabrina se rongeait les ongles avec angoisse. Elle en avait ras le bol ! Dès qu'elle pensait avoir touché le fond, elle s'enfonçait un peu plus. Maintenant, Salem était dehors. Où ? Mystère. Seul, en tout cas. Forcément seul. Donc en danger. Il était si vulnérable ! Il maîtrisait mal le monde des mortels. Il le connaissait comme un petit chat d'intérieur le connaît. Or, il devait l'affronter comme un adolescent inexpérimenté. S'il lui arrivait quelque chose, Sabrina ne se le pardonnerait jamais.

Le problème, c'est qu'elle ne pouvait pas demander de l'aide à ses tantes. Pour retrouver un chat, c'est assez simple : il suffit de quadriller le quartier en répétant « Minet, minet », de demander aux voisins, éventuellement de poser des affiches. Mais pour un ado... qui plus est un ado qui n'était pas censé être un humain... comment procéder ?

Sabrina en était là de ses réflexions quand elle sentit un regard peser sur elle. Elle se retourna vers la fenêtre, l'index prêt à l'usage. Des yeux vert et doré la fixaient. Salem ! Elle courut ouvrir les battants et le serrer dans ses bras. Puis la colère la submergea :

— Où tu étais passé ? Ça fait des heures que je t'attends ! Tu ne te rends pas compte ? J'étais folle d'inquiétude ! Il aurait pu t'arriver n'importe quoi...

Salem sourit :

— Bravo, Sabrina. Tu feras une très bonne maman. Ceci dit, tu n'avais pas à t'inquiéter. J'étais à la pizzeria.

— Quoi ? Mais tu ne dois pas sortir tout seul ! Imagine que...

— Rassure-toi : je n'étais pas tout seul.

Il attendit quelques secondes pour ménager son effet. Enfin, il se décida à expliquer :

— J'étais avec Harvey.

— Quoi ?

— Oui, Harvey et des mecs hyper sympas : Kevin, Brandon, Steven, Bobby, Lorenzo, Tariq, Tom, Momo...

— Qu'est-ce que vous avez fait, pendant tout ce temps-là ?

— Ben... D'abord on a pris un pot. Puis on a fait un Baby-foot avec des élèves du lycée de Ridgefield. Harvey et moi leur avons donné une correction. Ça les a vexés, évidemment. Alors, ils nous ont dit : « Sur un vrai terrain, on vous éclate quand on veut. » Résultat, on se retrouve mardi pour faire un match. Ça va être cool, non ?

Sabrina hocha la tête.

— Ah, et il y avait aussi Val, avec nous, et elle m'a proposé d'aller au cinéma, jeudi soir.

— Super...

Mais elle pensait tout le contraire. Elle ne pouvait pas laisser Val sortir avec son chat, même s'il ressemblait à un beau garçon de son âge...

— Et Libby est passée aussi, continua Salem. Elle m'a demandé de lui donner quelques cours de français.

— Elle n'a pas trouvé mieux, comme prétexte ?

— Qu'est-ce que tu t'imagines ? C'est uniquement une histoire de boulot. On est même convenus qu'elle me paierait sept dollars de l'heure.

— Quelle générosité !

— En plus, elle organise une soirée samedi. Je lui ai demandé d'inviter Val...

— Et moi ? explosa Sabrina.

— Toi ?

Salem avait l'air sincèrement surpris.

— Mais... tu n'arrêtes pas de dire combien tu détestes cette fille ! Je n'ai pas imaginé une seconde que tu avais envie d'être de la partie...

— Bien sûr ! Et je vais rester dans ma chambre pendant que tous mes amis s'amuseront ? Si au moins ils avaient refusé d'aller à cette soirée ! D'autant que je suis sûre que ce sera nul.

— Ça m'étonnerait. Il y aura un vrai groupe en concert, Atlantys... Il paraît qu'ils sont assez connus et qu'ils sont géniaux sur scène... Ils ont un tube qui passe à la radio...

Salem se trémoussa en chantant. Puis il passa une langue gourmande sur ses babines :

— Libby m'a assuré qu'ils avaient une pêche d'enfer !

— N'en rajoute pas, tu seras gentil.

— Le gâteau de Désir est la meilleure chose qui me soit arrivée dans ma vie, soupira l'ex-chat. J'adore être un humain, j'adore être un adolescent... et j'adore être adoré !

— Mais le Conseil des sorciers va me tuer !

— Non, je ne pense pas. Te punir, certainement, c'est leur style ; de là à te tuer...

— Dis tout de suite que ça t'est égal, qu'ils me punissent.

— Il y a de ça.

— Salem !

— Désolé, Sabrina. N'oublie pas que je veux devenir maître du monde. Et pour cela, je dois sacrifier quelques personnes, c'est inévitable...

L'apprentie sorcière ricana :

— Devenir maître du monde, toi ? Tout ce que tu peux espérer, c'est de devenir délégué du lycée de Westbridge Hill, et encore...

— C'est un début. Libby m'a d'ailleurs demandé d'être le vice-président au Conseil des délégués. Je l'ai convaincue qu'il valait mieux que ce soit elle la vice-présidente, et moi le président. Ma cote de popularité est si grande qu'on est sûrs de gagner... Je peux t'inscrire à notre comité de soutien ?

— Mais, Salem, tu n'es même pas inscrit au lycée !

— Et alors ? Explique-moi pourquoi je pourrais jouer au foot pour l'équipe du lycée et pas me présenter à l'élection des délégués ?

— Parce que ça n'a rien à voir !

— De toute façon, Libby pense qu'elle n'aura aucun mal à convaincre M. Kraft.

Sabrina haussa les épaules :

— Les prochaines élections ont lieu dans six mois.

— Je ne suis pas pressé, rétorqua Salem. J'envisage une campagne longue et intéressante. Ça me convient. C'est une bonne répétition de ce qui va se passer à la faculté :

je m'y ferai élire président du Conseil des étudiants. Puis je continuerai : sénateur, gouverneur, président des États-Unis ; et là, qui pourra m'empêcher de devenir le maître du monde ? J'aurai à ma disposition l'armée idéale pour soumettre la Terre, la NASA pour conquérir l'univers [1], la CIA et le FBI [2] pour vérifier que tout le monde m'adore... Je vais m'é-cla-ter !

— Tu délires, Salem...

— Erreur : je suis ambitieux, c'est différent.

— Vivement que tu redeviennes un petit chat de rien du tout...

— Ça n'arrivera jamais, tu t'en doutes. Pour cela, il faudrait que je le désire, et tu penses bien que ce n'est pas du tout le cas. Bon, on va annoncer la nouvelle de ma transformation à tes tantes ?

— Non ! Pas çaaaaaaaa !

— Sabrina, mieux vaut maintenant que plus tard !

1. La NASA est l'agence spatiale américaine.

2. La CIA et le FBI sont les services secrets américains.

La jeune fille secoua la tête avec insistance.

— Écoute, je suis un peu pressé : on m'attend, reprit Salem. Ça te laisse le temps de préparer Zelda et Hilda à cette nouvelle. Parce que, quand je reviendrai, je passerai par la porte. J'en ai marre de faire des acrobaties pour rentrer. Ce n'est pas digne du futur maître du monde !

Et, d'un bond, Salem sortit, laissant Sabrina stupéfaite.

10.

Être ou ne pas être... de la famille !

Le spectacle qui attendait Sabrina au salon ne lui remonta pas le moral. Hilda était effondrée devant la télé. Elle regardait pour la deux millième fois (au moins) de son existence *Le Magicien d'Oz* en se goinfrant de pop-corn et de bonbons. L'apprentie sorcière constata qu'elle n'avait pas eu la main heureuse lors de son dernier zapping. Drell portait en effet un pantalon de cuir noir, des poignets de force et un T-shirt troué indiquant : « NO FUTURE ».

Un rai de lumière filtrait sous la porte du labo de Zelda. Sa tante était sûrement plongée dans une de ces expériences dont elle avait le secret. « Si Zelda est occupée et Hilda au salon, alors la cuisine est libre », se dit Sabrina.

Elle passa devant les « amoureux » et leur adressa un petit coucou sans les regarder. Puis elle s'enferma dans la pièce vide... et faillit en ressortir en hurlant : l'endroit était ré-pu-gnant ! Des casseroles sales traînaient çà et là ; des couverts avaient été « oubliés » un peu partout ; l'évier débordait de vaisselle sale. À tous les coups, Hilda avait tenté d'impressionner Drell avec les dons culinaires qu'elle n'avait pas.

Sabrina n'hésita pas une seconde : elle zappa. Aussitôt, une eau savonneuse remplit l'évier. Les grattoirs et les éponges se mirent en action en chantonnant :

Siffler en travaillant,
Lalalala, lalalala...

Un balai et une serpillière fusèrent du placard et s'attaquèrent au sol constellé d'immondes taches de graisse. Sabrina fut obligée de se réfugier sur la table pour éviter d'être nettoyée elle aussi. Quelques instants plus tard, la cuisine était comme neuve.

— Merci, Sabrina ! dit une voix familière.

L'apprentie sorcière se retourna. C'était sa tante Louisa qui venait de parler. Le portrait où elle vivait décorait la cuisine. Cependant, ce n'était pas une décoration comme une autre : la photo cachait en réalité le réduit secret où Hilda et Zelda dissimulaient leurs herbes de sorcière.

— Je sais bien que tes tantes sont très occupées en ce moment, reprit Louisa, mais elles pourraient me respecter : je vis dans cette cuisine en permanence, moi !

Une idée traversa l'esprit de Sabrina :

— Tante Louisa, je peux te demander un service ?

— Tu peux toujours demander..., répondit prudemment la vieille femme.

— J'ai un petit problème.

— Quel genre ?

— Drell m'a donné un gâteau de Désir pour que je le fasse sécher. Je l'ai laissé sur mon bureau. Et Salem l'a mangé !

— Alors, qu'est-ce qu'il a souhaité ? Un supplément de thon à chaque repas ?

Sabrina soupira :

— Tu sous-estimes Salem, Louisa. Il a demandé...

— ... à devenir humain, compléta Hilda.

L'apprentie sorcière bondit. Sa tante se tenait dans l'embrasure de la porte.

— Je... je suis dé... désolée..., bredouilla Sabrina. Ce n'est pas ma faute... C'était un accident... Je n'y suis pour rien...

— Tu sais ce qui va nous arriver si Salem ne redevient pas un chat très, très vite ? siffla Hilda en s'approchant de sa nièce.

Sabrina baissa la tête. Sa tante insista :

— Tu as une idée de ce que le Conseil va nous infliger, comme punition ?

— Euh, non...

— Moi non plus. Et j'ajouterai que je ne tiens pas à le savoir. Drell est au courant ?

— Prends-moi pour un crétin, tant que tu y es ! grogna celui-ci en entrant dans la cuisine. Évidemment, que je suis au courant !

— C'est pour ça que tu es ici ?

— Pas exactement. J'ai été pris dans un

ouragan qui m'a projeté hors de l'Autre Royaume et...

Hilda l'interrompit :

— Alors... tu n'es pas venu pour me voir ?

— Non, avoua Drell.

La sorcière se mordit les lèvres, inspira à fond, ferma les yeux, serra les poings, frissonna, grimaça, et réussit à ne pas pleurer.

— Très bien, grinça-t-elle. Au moins, cela explique tes habits ridicules. Je croyais que tu faisais un concours de ringardise pour m'amuser.

— Justement, est-ce que tu pourrais...

— T'habiller autrement ? Comme ça ?

Elle zappa, et Drell se retrouva en caleçon fluo, marcel blanc transparent, bob et tongs.

— Aaaaaaaaaaaah !

— Oups ! J'ai dû faire une petite erreur.

Et un Bikini couleur treillis, taille douze ans, un !

— Aaaaaaaaaaaah !

— Décidément, je suis étourdie, aujourd'hui !

Hilda pointa l'index, et Drell fut déguisé

en croque-mort du XIXe siècle, avec un costume noir, un chapeau haut de forme... et les horribles moustaches en guidon de vélo qui vont avec !

— Aaaaaaaaaaaah !

— Ça ne te plaît pas ? Moi, je trouve que ça te va bien.

— Pas moi !

— Tant pis...

Hilda zappa de nouveau. Un « pof » plus tard, Drell était coiffé de longs cheveux hirsutes, habillé d'un pantalon en polyester et d'un polo rouge vif à la gloire d'un groupe de rock. Cette fois, il ne cria pas : il avait compris qu'il n'obtiendrait rien de mieux pour le moment.

Profitant de ce répit, Hilda repassa dans le salon et cria :

— Zelda, réunion de famille immédiate !

Drell voulut la suivre. Mais Hilda le repoussa :

— Toi, tu restes ici. Tu ne fais pas partie de la famille et tu n'en feras jamais partie. Vu ?

Le président du Conseil des sorciers se

tourna vers Sabrina. Celle-ci referma la porte sur lui. Au fond d'elle-même, elle était ravie : sa tante avait bien rabattu son caquet au sorcier le plus puissant de l'Autre Royaume !

11.

Salem contre le reste du monde !

Hilda avait sans doute le cœur brisé. Pourtant, quand Zelda eut pris place dans le canapé du salon, sa sœur lui résuma l'histoire d'une voix posée, sans verser une larme. Zelda accusa le choc.

— Une idée, Sabrina ? demanda-t-elle.

— Non. Une seule chose est sûre, c'est que Salem ne reprendra pas sa forme de chat de son plein gré.

— Même si le Conseil des sorciers l'exige ?

— Même.

— Alors il faut que nous trouvions une

autre solution. Sinon, nous risquons d'avoir de graves ennuis.

— Pas seulement nous, précisa l'apprentie sorcière.

— Comment ça ?

— Salem a changé de forme, mais pas d'idée. Il veut devenir maître du monde. Et maintenant, il s'est pris à y croire.

Hilda grogna :

— On est mal... Le Conseil des sorciers ne nous ratera pas.

— Nous vous transformerons en termites ! promit Drell depuis la cuisine.

— À toi de jouer, Sabrina.

— Mieux que ça : à toi de réussir Sabrina ! reprit Drell.

— Mais, si Salem ne veut pas renoncer de lui-même, il n'y a rien à faire ! gémit l'apprentie sorcière.

Ses deux tantes se regardèrent.

— C'est ton problème, reprit Zelda. Tu dois le convaincre.

Sabrina éclata de rire. Convaincre Salem que sa vie d'humain était nulle ? qu'il avait intérêt à redevenir un gentil petit minet ? Fastoche ! Après tout, il n'avait pas besoin de travailler pour briller en classe, Val voulait sortir avec lui, Libby aussi, les basketteurs et les footeux du lycée le réclamaient, l'irascible M. Kraft en personne avait craqué pour lui... Jamais il ne changerait d'avis !

— On peut savoir ce qu'il y a de drôle ? se renseigna Hilda.

— Depuis qu'il a été puni, Salem ne rêve que d'être humain. Il y est enfin parvenu ; il a passé une journée de rêve ; et il a planifié sa vie jusqu'au moment où il prendrait le pouvoir. Comment vous voulez que je le persuade de s'arrêter en si bon chemin ?

— Il n'y a pas trente-six solutions, reconnut Zelda. Il va falloir que tu lui gâches l'existence.

Sabrina réfléchit un moment. Elle n'était pas d'un naturel méchant, mais sa tante avait raison. Elle devait réagir avant qu'il ne soit trop tard. Elle pouvait pimenter la vie sentimentale de Salem. Elle pouvait annuler le sort qui permettait à son ex-chat d'être le plus fort dans toutes les matières : comme c'était elle qui l'avait lancé, cela ne présenterait aucune difficulté. Elle pouvait faire craquer ses élastiques de survêtement juste avant qu'il n'entre sur le terrain de foot.

« Finalement, ça sera peut-être rigolo... », songea-t-elle.

Dès qu'il franchit la porte d'entrée, Salem sut que quelque chose n'allait pas. Ce fut d'abord une intuition ; mais bientôt, il eut confirmation de ce qu'il redoutait. Lorsqu'il entra au salon, personne ne poussa de cri horrifié. Sabrina, Hilda, Zelda et Drell étaient en train de regarder le DVD de *L'Âge de glace*. La chanson de Pete Bardens sortait des baffles.

— Salut tout le monde ! lâcha Salem d'une voix mal assurée.

— Déjà de retour ? Tu t'es bien amusé ? demanda Sabrina.

— Mmm...

Salem comprit. Ils avaient trouvé un truc pour le faire redevenir chat. Sinon, ils n'auraient pas été aussi détendus.

— Tu regardes le film avec nous ? proposa Hilda.

— Non, merci...

— Des devoirs à finir ?

— Euh, oui...

— Tiens, je crois qu'il reste quelques chocolats que Drell a apportés. Prends-les pour te donner du courage.

Salem s'empara de la boîte que lui tendait Hilda. Il observa, renifla, palpa les friandises. Apparemment, elles n'étaient pas truquées. De toute manière, il n'existait pas d'antidote au gâteau de Désir. Il n'avait pas à craindre ces quelques sorciers affalés devant la télé : ils n'avaient aucun moyen de le contrer.

C'était peut-être pour ça qu'ils étaient aussi cool avec lui. Ils savaient qu'ils avaient perdu, et ils préféraient être dans ses bonnes grâces : bientôt, il serait le MAÎTRE DU MONDE ! Et pourtant, il y avait quelque chose d'inquiétant dans leur attitude...

12.

L'heure de la vengeance a sonné !

— C'est parti ! signala Mme Touitou, le professeur d'histoire. Travaillez bien. Je ramasse les copies dans une heure.

Aussitôt, le chœur des élèves commença :

— Une heure seulement ? Mais on n'aura jamais le temps !

— Madame, madame, vous aviez dit qu'on n'avait pas à réviser le chapitre douze !

— Je comprends pas la cinquième question...

— C'est d'la folie ! Vous croyez qu'on est en fac ou quoi ?

Mme Touitou sourit et répondit :

— Il ne vous reste plus que cinquante-neuf minutes.

Un « fffffffffffff » désespéré accueillit cette terrible nouvelle. Sabrina prit son stylo et se demanda ce qu'elle allait pouvoir inventer pour s'occuper. Elle n'avait pratiquement pas révisé ce contrôle sur la crise de 1929. Après la séance DVD, elle avait passé sa soirée à penser à tous les coups bas qu'elle allait faire à Salem pour qu'il abandonne sa forme humaine. D'ordinaire, elle s'interdisait d'utiliser la magie contre son chat : comme on lui avait retiré ses pouvoirs, il n'avait aucun moyen de défense, et s'attaquer à lui était lâche. Mais, là, c'était un cas de force majeure.

Inventer des farces avait été un plaisir. N'empêche, à cause de ça, Sabrina allait avoir une note catastrophique à son contrôle. La honte ! Elle qui ne supportait pas d'avoir moins de quinze sur vingt au moindre petit test, sa moyenne allait chuter à cause de Salem... C'était rageant !

À la fin de l'heure, elle croisa le regard de son pire ennemi du moment.

— Ça a marché ? demanda-t-il.

— Pas terrible, grogna Sabrina.

— Ce n'est pas très grave : quand le Conseil des sorciers t'aura punie pour ta négligence, tu ne comprendras même pas comment tu as pu t'inquiéter pour un misérable contrôle d'histoire, ha, ha, ha !

L'apprentie sorcière vit rouge. Depuis l'entrée de la salle, elle pointa le paquet de copies et chantonna :

Salem veut se moquer de moi ?
Ha ! Il va voir ce qu'il va voir !
J'exige que son test d'histoire
Soit nul et idiot à la fois.

Et, pof ! Aussitôt, sur la copie de Salem, les cinq solutions apportées par le président américain à la terrible crise économique devinrent :

1) obliger les chanteurs de r'n'b à donner des concerts gratuits ;
2) enseigner le zen dès l'école primaire ;
3) inciter les gens à faire des régimes ;
4) interdire la vente de livres compliqués ou écrits trop petit ;
5) organiser une semaine du rire obligatoire pour tous les citoyens qui ont des soucis.

Sabrina jeta un œil sur son ex-chat. Il pavoisait aux côtés de Libby et riait très fort. S'il savait ce qui l'attendait, il ferait moins le malin ! Encore quelques catastrophes dans le genre, et il comprendrait qu'il n'était pas de taille à lutter contre la magie...

Mme Quick rentra dans la salle en coup de vent :

— M. Saberhagen est là ?

— Oui ! cria Salem en lui tendant une disquette et quelques feuilles. Je vous ai apporté mon article pour *La Gazette de Westbridge*.

— Génial ! Toutes les biographies des proviseurs depuis la création y sont ?

— Sans exception.

— Formidable ! Je vais passer ça en...

Sabrina zappa.

— ... en page trois, reprit Mme Quick après un temps d'arrêt.

— En page trois seulement ? On avait dit que je serais à la une !

— Oui, mais...

L'index de Sabrina frappa de nouveau.

— ... mais votre article n'est pas assez bon.

— Quoi ? Je rêve ! Vous ne l'avez même pas parcouru ! Je...

— Écoutez, monsieur Saberhagen, quand vous serez rédacteur en chef, vous pourrez mener ce journal comme vous l'entendrez. En attendant, c'est moi qui décide. Vu ?

Salem tapa du poing sur la table :

— Ce n'est pas la question ! J'ai écrit un article de trois pages, j'y ai travaillé d'arrache-pied, j'y ai mis tout mon cœur, j'y ai passé des nuits blanches, et vous, vous ne prenez même pas la peine de le lire avant de...

— J'ai parlé, cracha Mme Quick. Je ne reviens jamais sur mes décisions. Désolée.

Et elle tourna les talons.

« Deux à zéro pour moi, mon petit Salem », songea Sabrina. Et ce n'était pas fini.

Elle pointa un index vers les haut-parleurs qui reliaient la salle de classe à l'interphone de M. Kraft.

— Un, deux, un, deux... Bonjour à toutes et à tous ! Puisque Salomon Saberhagen a réussi à remettre en état la sonorisation de ce lycée, j'en profite pour vous rappeler deux points essentiels du règlement intérieur. Un, les chewing-gums, même sans sucre, ne sont pas faits pour être collés sous vos tables de travail... et encore moins sur les chaises de vos professeurs. Deux, pour être dispensé de cours de sport, un mot des parents ou un petit mal de tête ne suffit pas. Il faut obligatoirement un certificat médical. Les élèves en possession d'un tel document seront autorisés à ne pas participer au cours, à condition d'être présents quand même. Tout lycéen qui ne respectera pas ces quelques points du règlement (et tous les autres) sera exclu. À très bientôt pour de nouveaux rappels à l'ordre ; et encore merci à Salem Saberhagen !

— T'es pénible, Salem ! protesta Gordie. T'aurais jamais dû arranger ce truc...

Plusieurs élèves approuvèrent. Depuis que l'interphone remarchait correctement, M. Kraft s'en servait en permanence pour ses « rappels à l'ordre ». Et Sabrina avait pris soin de lancer un sort pour que, chaque fois, le nom de Salem soit prononcé...

— Je pouvais pas savoir, murmura le nouveau venu.

« Trois à zéro pour moi ! », conclut l'apprentie sorcière.

Elle ne comptait pas s'arrêter en si bon chemin. Elle gratifia donc Salem d'un gros bouton bien ridicule sur le bout du nez, elle lui zappa un joli trou dans son pantalon, et elle constata avec satisfaction qu'à la fin de la journée, les « meilleurs amis » de son soi-disant cousin étaient devenus plus rares. Bientôt, tout le monde se moquerait de lui, et il n'aurait plus qu'un rêve : redevenir un petit chaton !

13.

Un chat retombe toujours sur ses pattes !

Quelques jours plus tard, Mme Touitou rendit les copies d'histoire.

— J'ai beaucoup ri en lisant votre devoir, monsieur Saberhagen, déclara-t-elle.

Salem hocha la tête modestement.

— Dommage que ce soit un contrôle d'histoire et non une épreuve d'humour, n'est-ce pas ?

Le jeune homme ouvrit des yeux grands comme des soucoupes.

— Lisez donc votre copie à vos petits camarades. Je suis sûre qu'ils apprécieront.

Stupéfait, Salem lut ce qu'il était censé

avoir écrit. Toute la classe rit aux larmes. Sabrina fut obligée de reconnaître que son ex-chat avait marqué un point : les élèves admiraient le courage du nouvel élève. Mais Salem marqua un deuxième point quand il se mit à répondre oralement aux questions. La prof vit qu'il savait ; elle lui retira donc son un sur vingt. Et l'apprentie sorcière dut reconnaître que son sort n'avait pas eu l'effet escompté. Salem avait le chic pour se sortir comme une fleur de situations *a priori* impossibles !

À la sortie du cours, il prit Sabrina à part :

— Tu essayes de me pourrir l'existence, c'est ça ?

— Euh... oui, c'est ça, avoua l'apprentie sorcière.

— Je peux savoir pourquoi ?

— Parce que toi, tu *me* pourris *mon* existence. Et celle de Drell. Et celle de mes tantes.

— Et alors ? Tu es contente de te venger ?

— Honnêtement, non, je ne suis pas contente. Mais toi, tu n'as pas l'air gêné du mal que tu nous donnes ! On a même l'impression que ça te fait plaisir...

— Évidemment que ça me fait plaisir ! confirma Salem avec rage. Tu ne crois quand même pas que...

— Monsieur Saberhagen ! s'écria M. Kraft. Ce n'est pas parce que vous avez réparé la sonorisation de l'établissement que vous avez le droit d'élever la voix dans l'enceinte de ce lycée. Vous êtes collé ce soir deux heures. Et vous aussi, mademoiselle Spellman !

— Moi ? Je n'ai rien fait !

— Et ne répondez pas, s'il vous plaît, ou je double votre punition !

— Pour une fois que je devais finir à quinze heures..., grommela la jeune fille.

Heureusement, M. Kraft ne l'entendit pas.

Les cours finis, Sabrina et Salem se retrouvèrent en salle de permanence sous la surveillance de Mme Quick. Celle-ci n'avait pas l'air de prendre la punition très au sérieux :

— Vous savez, lança-t-elle, je déteste autant que vous les heures de colle. Ça m'oblige à rester plus tard au lycée. Je m'en passerais bien volontiers !

Par chance, Harvey et Randy avaient subi eux aussi les foudres du proviseur. Harvey offrit une tournée générale de Coca, et Randy distribua des barres chocolatées qu'il avait dans son sac. Les deux heures de colle consistèrent donc en un goûter plutôt sympathique.

À cinq heures moins le quart, Mme Quick accepta de les libérer. Salem empoigna son sac de sport et se dirigea vers le terrain de foot. Sabrina le suivit. Le match Westbridge contre Ridgefield allait avoir lieu. Si Salem réussissait un grand match, il serait définitivement un héros. Elle ne pourrait plus rien contre lui. Elle devait intervenir pendant qu'il en était encore temps.

L'équipe de Ridgefield ne plaisantait pas. Ses titulaires et ses remplaçants se tenaient autour d'un homme bedonnant qui beuglait les dernières consignes :

— On est solidaires dans le collectif, hein, les gars ? Solidaires dans le collectif !

Côté Westbridge, l'ambiance était plus festive. Libby et ses amies pom-pom girls agitaient leurs pompons ridicules en hurlant des slogans à la gloire du lycée.

— Salomon ! s'exclama l'entraîneur de Westbridge. Je t'attendais ! Je t'ai mis en milieu offensif. Tu pourras t'appuyer sur Yohann pour la récupération. En pointe, si tu n'as pas de solution dans l'axe, tu peux écarter : j'ai adopté un 3-4-3 qui devrait te convenir.

— Parfait, boss ! Je m'échauffe et c'est bon.

Salem fit un pied de nez à Sabrina, qui s'approcha de lui.

— Salem, tu es un chat. Tu ne dois pas participer à cette rencontre, ce n'est pas sport...

— Hé ! Laisse-moi tranquille !

— Non, je ne te laisserai pas tranquille. Tu n'as pas compris que je suis la plus forte ?

— Parce que tu connais quelques tours de magie ?

— On peut dire ça comme ça...

— Je ne céderai pas, tu ne me fais pas peur, affirma Salem.

— Même après ça ?

Sabrina pointa, et le nez de la nouvelle vedette de l'équipe de foot prit une couleur prune du plus bel effet.

— Tu es folle ou quoi ?

L'apprentie sorcière éclata de rire, puis zappa de nouveau. Le nez de Salem redevint rose.

— C'est idiot, protesta le footballeur. Regarde ce qui s'est passé pour le devoir d'histoire : tu as raté ton coup, non ?

— Et pour le journal ? Ton article n'a pas été déplacé, peut-être ?

— Si, mais j'ai convaincu Mme Quick de me laisser faire un autre article pour la une.

— Sur quoi ?

— Sur les pom-pom girls. Qui sont-elles, quels sont leurs hobbies, ont-elles un petit ami, où peut-on les croiser en ville, que veulent-elles devenir plus tard... ? Le tout avec des photos d'elles ! Je ne vois pas très bien comment je pourrais me retrouver en pages intérieures, cette fois...

Sabrina grimaça. Salem était très fort. Encore un peu et il réussirait à la convaincre que sa vie sans magie était plus agréable que la sienne ! Avant de s'éloigner pour faire un petit footing d'échauffement, il regarda Sabrina en face, un grand sourire aux lèvres.

— En fait, je retire ce que j'ai dit, déclara-t-il.

— Comment ça ?

— Essaye de me gâcher la vie si ça te chante. Je prends ça comme un défi. Et je suis sûr de gagner !

Sabrina ferma les yeux. Puis elle chercha un endroit d'où lancer ses sorts discrètement. Dans les tribunes ? Une bonne cinquantaine de lycéens hurlaient leurs encouragements. Val agitait une banderole improvisée, où elle avait écrit en grosses lettres :

SALOMON, ON T'AIME !

« Val aurait dû écrire : Salomon, *je* t'aime ! », songea-t-elle. L'apprentie sorcière eut envie de rectifier le texte. Elle n'en fit rien. Elle devait vexer Salem, pas sa meilleure amie. Elle continua donc d'inspecter du regard le terrain de sport, tandis que Libby et ses amies s'époumonaient :

« Westbridge, champion !
Ridgefield, c'est du bidon ! »

L'arbitre siffla le début du match. Après de longues minutes d'observation, les premières attaques eurent lieu. Elles étaient trop brouillonnes pour aboutir. D'autant que les défenses étaient sur le qui-vive. Les échappées furent donc stoppées avant qu'elles ne deviennent réellement dangereuses.

Pourtant, le temps passant, des espaces vides se créaient. C'est ainsi que les avants de Ridgefield se retrouvèrent à plusieurs reprises en position de buter. Westbridge ne dut qu'à la dextérité de son gardien de conserver un score vierge. Mais la troisième tentative des visiteurs, à dix minutes de la fin de la première mi-temps, se retourna contre eux. Steven, un défenseur de Westbridge, intercepta une passe hasardeuse des attaquants adverses. Aussitôt, il envoya le ballon en cloche vers l'avant. Brandon le récupéra au milieu du terrain et le donna immédiatement à un joueur démarqué. Salem !

— Tout le monde en défense ! hurla le gros entraîneur de Ridgefield. Fermez la zone !

Les joueurs se replièrent aussi vite qu'ils le purent. Salem ne s'en inquiétait pas. Plus vif que les autres, il fonçait vers le but. Il effaça un premier adversaire, puis joua en une-deux avec Kevin. Celui-ci se plaça alors au point de penalty. Il tira de toutes ses forces. Hélas, le goal adverse capta le ballon... avant de le relâcher : le tir était trop puissant ! Salem, qui avait suivi l'action, bondit et envoya le cuir au fond des filets. Westbridge menait un à zéro.

Dans les tribunes, c'était du délire. Sabrina applaudissait mollement. Elle était vexée de n'avoir pas eu le temps de dégainer son index magique. Dès que le jeu reprit et que Salem fut en possession du ballon, elle n'hésita pas et chantonna :

Foi de sorcière,
Tombe par terre !

Et le joueur adverse qui se trouvait face à Salem tomba. Une immense clameur s'éleva.

— Quel dribble ! s'extasièrent les connaisseurs.

— Super, le passement de jambes !

Furieuse, Sabrina répéta :

Foi de sorcière,
Tombe par terre !

Et un autre joueur de Ridgefield tomba par terre. Salem était si vif que la jeune fille le visait toujours avec un temps de retard ! Ce qui devait arriver arriva : ce furent les joueurs eux-mêmes qui se chargèrent de faucher ce dangereux adversaire. Taclé par-derrière dans la surface de réparation, Salem s'écroula et obtint un penalty. Parmi les fans de Westbridge, c'était l'émeute. Les remplaçants eurent les plus grandes difficultés à les empêcher d'envahir le terrain pour massacrer le défenseur qui avait osé toucher à la nouvelle idole.

Souple comme il l'était, Salem ne s'était fait aucun mal en tombant. Cependant, il laissa Rupert envoyer le ballon dans la lucarne. À la mi-temps, Westbridge menait deux à zéro.

Sabrina décida qu'elle en avait assez vu. Elle alla se cacher derrière les vestiaires et là, à l'abri des regards, elle se téléporta à la maison.

14.

L'heure de la dernière chance

La chaîne hi-fi déversait à plein volume un ancien tube de Wishbone Ash dont Salem était devenu subitement fan.

L'ex-chat le passait en boucle et « oubliait » de l'éteindre quand il quittait la chambre de Sabrina. Il avait encore « oublié » de l'éteindre ce matin...

Hilda et Zelda avaient exigé que Sabrina partage sa chambre avec son ex-chat (beurk !). Elles pensaient que cela l'inciterait à trouver une solution au plus vite. Et comme Drell squattait la chambre d'amis, c'était plutôt pratique... Résultat, la chambre s'était remplie d'affaires de sport sales, de chaussettes douteuses et d'un désordre innommable près du sac de couchage de Salem.

Sabrina éteignit la musique, s'effondra sur son lit et s'empara du premier livre qui lui tomba sous la main. C'était son manuel de magie. Elle l'ouvrit à la page du portrait de son père. Celui-ci lui sourit.

— Salut, Sabrina !

— Qu'est-ce qui t'est arrivé au nez ? lui demanda l'apprentie sorcière.

Il était tout rouge !

— Oh, c'est le sorcier aux yeux vert et or, tu sais, celui que tu m'as présenté l'autre jour. Il devait fouiller dans tes affaires. Il a feuilleté ton manuel et il est tombé sur moi. Il a été grossier et m'a claqué le livre au nez.

— C'est dégueulasse !

— Écoute, Sabrina, je n'aime pas me mêler de la vie privée des autres, mais, honnêtement, je ne crois pas que ce petit mal élevé soit une bonne fréquentation pour toi.

Sabrina hocha la tête.

— Tu as raison, p'pa. Mais ce n'est pas facile de repousser les gens comme ça...

— Je te comprends, affirma Edward Spellman. J'ai été jeune, moi aussi.

« Oui, il y a cinq cents ans », songea l'apprentie sorcière.

— C'est vrai, il y a cinq cents ans, reprit son père qui n'avait pas tout à fait perdu de ses dons de télépathe. Pourtant, j'ai l'impression que les mentalités n'ont pas beaucoup évolué. Quand quelque chose ne va pas, dans un couple, il vaut mieux être honnête, Sabrina, plutôt que de faire semblant que tout va bien, par peur de blesser l'autre.

— Salem n'est pas mon petit ami ! précisa la jeune fille.

— Fais quand même attention à toi. Ce garçon a un mauvais fond.

— Merci pour tes conseils, p'pa. À une prochaine !

— Noooooooon ! Ne claque pas le livre s'il te plaît !

Sabrina rattrapa la couverture au dernier moment et referma le volume doucement. Puis elle se rendit à la cuisine où elle avala trois cookies maison avant de commencer à se sentir un peu mieux. Cependant, en pensant à ce qui l'attendait, elle soupira.

— Tu ne vas pas te plaindre, j'espère...,

siffla tante Louisa. Toi, au moins, tu peux noyer tes chagrins dans la goinfrerie. Moi, depuis que je ne suis qu'une photo en deux dimensions, j'ai dû dire adieu aux joies du chocolat et de la pâtisserie. Et ces vicieux du Conseil n'ont rien trouvé de mieux que de me coller dans la cuisine !

— Je suis désolée, Louisa, mais...

— Mais rien du tout ! Où tu en es, de tes histoires avec Salem ?

— Je n'avance pas. Quoi que je fasse pour le dégoûter d'être humain, il s'en sort toujours.

— Trouve quelque chose, et vite ! Je n'ai pas envie que le Conseil vous transforme en termites, toi et tes tantes. Passer le reste de ma vie à contempler un mur, bonjour l'horreur !

Sabrina opina et attrapa une dizaine de gâteaux. Elle s'apprêtait à se réfugier dans sa chambre quand le grille-pain sauta. Lorsque ce banal ustensile de cuisine ne réchauffait pas un vieux croûton, il servait de boîte à lettres reliant le monde des mortels à l'Autre Royaume. L'apprentie sorcière attrapa la carte qui dépassait et la parcourut. C'était un bulletin météo.

À l'attention des sorciers voyageurs :

Dans l'immédiat, aucune amélioration à prévoir. Pluie et vent en rafales sont attendus pour les prochains jours. Néanmoins, nos prévisions à moyen terme laissent entrevoir un temps calme pour la semaine prochaine.

Sabrina frissonna : Drell allait bientôt rentrer dans l'Autre Royaume. Les ennuis sérieux ne tarderaient plus. Si elle ne faisait rien d'ici là, elle était bonne pour une punition exemplaire du Conseil des sorciers. Elle devait mettre ses dernières forces dans la bataille sous peine de le regretter toute sa vie. Exécution immédiate : avec un peu de chance, le match de foot ne serait pas terminé. Elle pouvait encore agir !

15.

Sabrina marque des points !

— Où étais-tu passée ? s'étonna Val en voyant Sabrina se matérialiser à côté d'elle.

— Par là, répondit vaguement l'apprentie sorcière. Il y a combien-combien ?

— Ridgefield mène trois à deux. Normal : leurs attaquants sont toujours hors jeu et l'arbitre ne les sanctionne jamais !

« Quelle connaisseuse ! » songea Sabrina.

L'équipe de Westbridge était regroupée en défense. Les vingt-deux joueurs étaient massés dans une moitié de terrain. Il ne restait plus que quelques minutes, et Ridgefield faisait le forcing. Soudain, un de leurs joueurs centra dans la surface de réparation, juste devant le but de Westbridge. Bondissant plus haut que tout le monde, Salem repoussa le ballon d'une tête puissante et poursuivit son action.

Il avait surpris ses adversaires... et ses partenaires. Il se lança donc seul dans une chevauchée fantastique. Le goal de Ridgefield était monté imprudemment dans la surface adverse. Personne ne pourrait empêcher Salem de marquer le but de l'égalisation. Sauf Sabrina ; et l'apprentie sorcière n'avait pas l'intention de laisser passer sa chance. Elle chantonna :

Je veux contrôler le ballon
Pour infliger une leçon
Que Salem se rappellera.
Et ainsi vaincra Sabrina !

Les spectateurs étaient fascinés par la course de Salem. Aucun ne remarqua la petite boîte noire qui apparut entre les mains de l'apprentie sorcière. Elle appuya sur le bouton bleu. Aussitôt, le temps se figea. Le silence envahit la pelouse. Joueurs et supporteurs étaient comme paralysés. Sans s'en rendre compte, Sabrina avait appuyé sur « Pause ». Elle observa sa manette et pressa le bouton « Ralenti ». Puis elle enleva « Pause ».

Les cris reprirent très lentement (ils formaient une sorte de « wohwohwoh » ridicule), et Sabrina eut tout le temps de préparer son mauvais coup. Elle pensa à faire tirer Salem de loin. Puis elle songea qu'il y avait mieux. Elle le laissa filer vers le but, le fit se tourner vers le public comme s'il avait déjà marqué, et, alors qu'il n'était qu'à deux mètres, elle l'obligea à tirer à côté des filets. L'humiliation suprême : provoquer l'adversaire et échouer. Salem était mort.

Sabrina enleva le « Ralenti » et zappa sa boîte noire, qui disparut. L'arbitre siffla la fin de la rencontre. Un « oooooooooooh » consterné s'éleva. Les élèves de Westbridge étaient effondrés. Les supporteurs de Ridgefield avaient envahi le terrain et embrassaient leurs héros, qui s'étaient empilés les uns sur les autres pour fêter leur victoire. Salem regardait le ballon, hébété. Avait-il compris ce qui s'était passé, ou pas encore ? La tête dans les mains, il boitilla sur quelques mètres comme s'il s'était blessé.

Personne ne se laissa prendre. L'apprentie sorcière s'approcha de son ex-chat. L'entraîneur venait de le rejoindre.

— Je ne sais pas comment te dire ma décision, Salomon... Tu as loupé un truc immanquable, ce qui m'oblige à...

— J'ai aussi marqué un but et obtenu un penalty, rappela l'ancienne nouvelle vedette.

— C'est vrai. Mais pour les gars, tu resteras celui qui nous a fait perdre. Je suis obligé de te renvoyer. Désolé.

Et Salem se retrouva seul.

— Pas de chance, hein ? ironisa Sabrina. Une occasion comme celle-là, ça ne se rate pas. Qu'est-ce qui s'est passé ?

Son ex-chat la fusilla du regard puis secoua la tête. La jeune fille comprenait parfaitement ce qu'il ressentait : la crainte de ce qui allait se passer maintenant qu'il n'était plus l'idole du lycée. Comment allait-il survivre, lui qui se voyait déjà maître du monde ?

Il s'avança vers ses coéquipiers :

— Eh, les gars, je pensais, pour la prochaine fois, on devrait adopter une tactique plus...

— La prochaine fois ? ricana Steven. Il n'y aura pas de prochaine fois. Des joueurs qui font des cadeaux aussi monstrueux à l'adversaire, on n'en veut pas...

— Attends ! J'ai raté un but, d'accord, mais avant, je...

— Quoi, avant ? l'interrompit Kevin. Tu as fait ton show ? Rappelle-moi le résultat : trois à deux contre nous, c'est ça ?

— On a perdu, d'accord ! C'est dans ces moments-là que la solidarité doit jouer, non ?

— T'aurais dû commencer par être solidaire sur le terrain, rétorqua Brandon. Ils t'ont payé combien pour que tu rates ton dernier tir ?

L'équipe ricana et s'éloigna. Seul Harvey vint vers Salem et lui posa une main sur l'épaule.

— Ils sont injustes, Salomon. Dommage que tu aies gâché la dernière action : jusque-là, tu avais fait un super match. Mais la défaite est plus facile à accepter s'il y a un coupable... Enfin, une pizza à notre Q.G.

habituel pour te remonter le moral, ça te dit ?

Salem acquiesça et se dirigea vers les vestiaires, la tête basse.

« C'est un bon début, mais ça ne suffira pas, songea Sabrina. Il faut que j'accélère ! »

16.

Soirée catastrophe !

« Chplash ! » Le pantalon de Salem tomba à ses pieds au moment où il entrait dans la pizzeria. Le rouge aux joues, l'ex-vedette de Westbridge exhiba son caleçon rose à nounours... le seul qu'il ait trouvé dans son sac au moment de se rhabiller. Après que tout le monde eut apprécié le spectacle et bien ricané, Sabrina zappa une ceinture à son soi-disant cousin.

Val devait être sacrément accro : malgré l'incident, elle eut le courage de s'asseoir à ses côtés, non sans lui avoir fait observer auparavant que sa braguette était ouverte. L'apprentie sorcière était navrée pour sa meilleure amie. Celle-ci s'était abondamment aspergée de son parfum « magique », *Amour éternel* de Tristan Flore. Il était censé attirer l'être aimé, et Val comptait être irrésistible. Elle sentait qu'elle avait ses chances : Libby avait disparu après le match.

Entre deux bouchées de pizza napolitaine, elle se risqua à frôler le bras du héros déchu. Sabrina comprit que c'était le moment d'agir. Elle pointa l'index et chantonna :

J'exige que Salem ignore
À quel point Valérie l'adore.
Qu'il ne comprenne rien à rien,
Même si Val drague hyper bien !

Salem ne réagit donc pas à la caresse de la jeune fille. Il continua à scruter ses câpres et ses anchois, le regard triste. Val passa la vitesse supérieure. Elle passa un bras autour de l'épaule de Salem.

— Ça ne va pas ? demanda-t-elle.

— Non, pas très fort...

— Ne les écoute pas ! Tu as été génial ! Sans toi, Westbridge aurait été ridicule...

L'ex-chat ne sembla pas réconforté par

ces paroles. Il ne levait pas les yeux de sa pizza. Val resserra son étreinte.

— Salomon, ne les laisse pas te démoraliser. Moi, je t'ai trouvé formidable. Ça arrive à tout le monde de rater un truc !

— Pas un truc comme celui que j'ai raté.

La détresse de Salem était telle que Val ne put résister. Elle tenta le tout pour le tout. Elle posa une main sur le visage de son amoureux et avança le sien, les lèvres mi-closes. Surpris, Salem tourna la tête vers elle... et Sabrina zappa. Cette fois, ce n'était pas seulement pour embêter Salem : c'était aussi pour aider Val. Son amie ne devait pas embrasser son chat ! Celui-ci se mit donc à tousser.

— Excuse-moi, grogna-t-il.

— Aucune importance, affirma la jeune fille avec un sourire.

Elle attendit que Salem prenne l'initiative à son tour. En vain. Elle se résolut à repartir au charbon.

— Salomon..., murmura-t-elle de sa voix la plus sensuelle.

— Oui ?

L'ex-vedette du lycée gardait sa mine abattue. Val semblait stupéfaite qu'il ne se rende pas compte de son manège. Qu'est-ce qu'il lui fallait à Salomon pour se lancer ?

— Quoi qu'il se passe, tu pourras compter sur moi, affirma-t-elle.

Elle abandonna momentanément l'idée de l'embrasser mais elle fit glisser sa main le long du bras de Salem. Sabrina zappa : quand les mains des deux amis se rejoignirent, celle de Salem était pleine de sauce tomate et de fromage. Décidément de bonne humeur, Val attrapa sa serviette et prit le parti d'en rire.

— Je suis nul, grogna Salem. Hier, tout le monde m'adorait. Dorénavant, tout le monde va se moquer de moi.

Il se pencha pour attraper son verre d'eau. Sabrina zappa, et l'eau se renversa sur Val.

— Je suis désolé..., lâcha Salem.

— Pas de panique ! Je ne suis pas en sucre, je ne vais pas fondre...

Pendant que l'apprentie sorcière et Harvey discutaient gaiement, Val essaya encore une fois de remonter le moral de son ami :

— Tu sais, il y a des fois comme ça, où

rien ne marche comme on voudrait... Mais demain sera un autre jour.

— Pire, peut-être...

— Et peut-être mieux ! Au moins, on ne s'ennuie pas.

Sabrina zappa.

— L'idéal, bien sûr, ce serait d'être un animal domestique, affirma Val. Un chat, par exemple... Ne rien avoir à faire de la journée, c'est le pied !

— Pourquoi dis-tu ça ? demanda Salem, soudain agressif.

La jeune fille fronça les sourcils.

— Je ne sais pas.

Salem fixa Sabrina avec intensité. L'apprentie sorcière fit mine d'être plongée dans une conversation passionnante avec Harvey. Val prit son courage à deux mains et avança de nouveau ses lèvres vers Salem. Malgré le sort d'indifférence, l'ex-chat comprit enfin ce que la jeune fille attendait de lui. Il pencha le visage vers elle. « Pofff », fit l'index de Sabrina. Et Salem éternua bruyamment.

— Beurk ! commenta toute la tablée. Tu pourrais faire attention.

Salem et Val étaient rouge écrevisse. Ils se levèrent d'un bond et sortirent de la salle en courant. Sabrina ne résista pas au plaisir d'apporter la touche finale. Elle ralentit Val. Salem arriva le premier devant la porte vitrée. Il la poussa. Elle ne s'ouvrit pas. Emporté par son élan, il la prit de plein fouet. Il recula, sonné ; mais Val, qui arrivait derrière lui, ne put freiner à temps, et Salem percuta la porte une deuxième fois. Furieuse, Val le repoussa et tira sur la poignée. La porte s'ouvrit. Les deux adolescents purent enfin s'enfuir dans la nuit.

Sabrina sourit : après une soirée pareille, Salem allait forcément s'avouer vaincu !

17.

Encore un effort !

Sabrina avait tort. Salem ne reconnut pas sa défaite aussi vite qu'elle l'espérait. En revanche, l'apprentie sorcière commençait à se sentir franchement mal à l'aise. Elle pensait qu'utiliser la magie contre son ex-chat serait amusant. Or, plus le temps passait, moins elle trouvait cela drôle. Elle allait pourtant devoir continuer si elle voulait éviter les ennuis avec le Conseil des sorciers. Peut-être que la prochaine humiliation serait la bonne...

— Alors, tu vas chez Libby ou pas ? demanda-t-elle à Salem quand ils se retrouvèrent dans sa chambre.

— Pour que tu me ridiculises une fois de plus ?

— Tu préfères rester à la maison comme un nul ?

— Parce que tu bouges, toi, ce soir ? s'étonna Salem.

— Oui. Avec Harvey, on sort.

— Vous allez où ?

— Chez Libby, justement.

« Elle n'est pas encore au courant, songea Sabrina, mais je suis sûre qu'elle sera ravie... »

Et elle se zappa un jean de luxe et un top à paillettes.

— Elle t'a invitée ? C'est pas possible. Tu lui as lancé un sort ou quoi ?

— Même pas : Harvey était invité... et il m'a proposé de l'accompagner.

— Je croyais que tu détestais Libby.

— J'adooooore sortir avec Harvey ! Et puis, il y aura plein de gens sympas : Val, Ted, Freddy, Kimberley... Il y aura tout le monde, je pense. Sauf toi. Quel dommage !

Salem grogna.

— Ça va être génial ! jubila Sabrina. À demain ! Je te raconterai...

L'apprentie sorcière se téléporta chez Harvey. Salem resta seul. Il ne savait pas quoi faire. D'un côté, Sabrina semblait décidée à lui gâcher l'existence. D'un autre côté, s'il restait enfermé à la maison, à quoi bon être devenu un humain ?

Il valait mieux qu'il tente sa chance. Si Harvey accaparait suffisamment Sabrina, Salem trouverait peut-être le moyen de s'amuser...

L'accueil que lui réserva Libby n'était pas vraiment celui auquel il s'attendait.

— Excuse-moi, Salem..., lança la pom-pom girl de sa voix haut perchée. Qu'est-ce que tu fiches ici ?

— Ça va pas mal, et toi ?

— Réponds à ma question !

— Tu m'as invité. Je suis venu. Logique, non ?

— Non, pas logique ! Tu es grillé à Westbridge. Après le match de foot et ce qu'on m'a raconté de la pizzeria, je ne comprends pas que tu ne te sois pas caché dans ta chambre !

Un serveur en livrée vint proposer des

petits fours aux jeunes gens. Libby le repoussa sans ménagement. À ce moment, le groupe qui animait la soirée entama son premier morceau à plein volume.

— Merci d'être passé, reprit Libby très fort, et merci aussi de repartir maintenant.

— Impossible, cria Salem. Les gens croiraient que tu es une lâcheuse.

— Libby ! appela un grand garçon baraqué. Tu viens ?

La vedette du lycée de Westbridge soupira :

— Bon, puisque tu es là, tu n'as qu'à faire un petit tour, mais ne reste pas longtemps, d'accord ?

— C'est comme ça que tu parles à ton prof particulier de français et à ton futur partenaire pour l'élection des délégués ? demanda Salem en grimaçant.

— Alors là, ne compte plus dessus ! C'est fini, tu m'entends ? F-I-N-I, fini !

Salem hocha la tête et s'approcha du buffet. Là, il repéra Val et se dirigea vers elle. Aussitôt, la jeune fille se détourna et fonça vers le premier garçon venu.

— Salut, tu t'appelles comment ? Moi, c'est Val.

— Elvis. On ne s'est jamais rencontrés ? J'ai l'impression de t'avoir croisée quelque part...

Salem attrapa un verre de Coca pour dissiper sa gêne. Il but une gorgée et tenta sa chance auprès des footballeurs. Ceux-ci l'ignorèrent. Alors, Salem essaya Harvey. Évidemment, c'était dangereux : le jeune homme parlait avec Sabrina ; mais Salem n'avait plus le choix.

— Tiens, tu es venu ? l'apostropha l'apprentie sorcière.

— Qu'est-ce qui te fait croire ça ? ironisa Salem.

— Ta série noire est terminée ? s'informa Harvey.

— J'espère, grogna Salem. Mais les autres ne sont pas près de l'oublier...

— Ne crois pas ça... Dans une semaine ou deux, je suis sûr que ça se sera tassé.

— En attendant, ça te dirait, un bowling dimanche prochain ?

— Ouais ! Bonne idée !

« Pofff ! » L'index de Sabrina venait

d'entrer en action. Salem trébucha. Il lâcha son verre de Coca, qui arrosa Harvey. Pour éviter de tomber, Salem s'agrippa à un coin du buffet. Celui-ci bascula ; verres, bouteilles, assiettes, couverts valdinguèrent et retombèrent dans un fracas qui couvrit la musique. Les invités se turent. Atlantys arrêta de jouer. Et chacun observa les dégâts avec consternation.

Pendant une bonne minute, il ne se passa rien. Puis Libby prit les choses en main. Dans un silence de mort, elle s'avança vers le fauteur de troubles et siffla :

— Je crois qu'il est temps que tu rentres chez toi.

— Je vais t'aider à ramasser...

— Non, merci. Je préfère que tu t'en ailles maintenant.

— Mais je...

— MAINTENANT ! hurla la pom-pom girl.

Salem la regarda longuement :

— Écoute, Libby, c'est pas ma faute. Je...

— Allez, dégage, lâcha un grand costaud. Ça vaudra mieux pour toi.

Salem leva les yeux vers lui et constata qu'il ne faisait pas le poids. Alors, il se dirigea vers la porte, tête basse. Harvey lui glissa à l'oreille :

— Euh, pour le bowling, je crois que finalement...

— Laisse-moi deviner : tu as oublié que ta grand-mère avait besoin de toi pour aller faire ses courses ?

— Exactement.

— Alors bisous à ta grand-mère.

Et il sortit dans la nuit.

18.

Après la tempête...

Sabrina se dépêcha de dire au revoir à Harvey et rejoignit Salem. Elle le retrouva sous le porche de la maison Spellman. Il regardait droit devant lui et ne fit pas attention à l'apprentie sorcière quand elle s'assit à ses côtés. Celle-ci remarqua qu'il avait les yeux brillants.

— Salem, je...

— Ne dis rien.

Un silence.

— Tu me détestes ? demanda Sabrina.

— Même pas. Tu as été horrible avec moi, mais tu n'as pas obligé les autres à réagir comme ils l'ont fait. Les joueurs de l'équipe auraient dû me donner une deuxième chance : je leur avais sauvé le match plus d'une fois, non ? Et Val... ça ne lui est jamais arrivé, peut-être, de se comporter comme une nulle sans le vouloir ! Libby, je n'en parle même pas : elle voulait juste profiter de moi quand j'étais une star. Même Harvey m'a lâché...

— Ils t'ont laissé tomber à cause de moi.

— Non. Ils m'ont laissé tomber parce qu'ils le voulaient bien. Ils n'étaient pas *obligés*.

— Tu sais, Salem, c'est pas toi le problème. C'est juste qu'on est comme ça, nous, les jeunes...

— Ouais, ça va, j'ai compris. Et tu as gagné...

Il se leva et se dirigea vers la porte d'entrée. Sabrina lui prit la main et le téléporta dans sa chambre : l'escalier qui y menait était ensorcelé. Zelda avait jeté un sort sur l'une des marches, qui craquait pour l'avertir de l'heure à laquelle rentrait Sabrina. Le pire, c'est qu'on ne pouvait jamais savoir quelle était la marche maudite : elle changeait régulièrement !

Une fois dans la chambre, Salem inspira un grand coup et déclara :

— Moi, Salem Saberhagen, renonce à la forme humaine et décide de redevenir un chat.

Sabrina s'apprêta à lui lancer un sort pour que sa déclaration se concrétise. Mais un éclair illumina la pièce avant que l'apprentie sorcière ait eu le temps de chantonner. Quand la lumière s'atténua, un chat noir était roulé en boule sur son lit.

— Tu te sens comment ? s'inquiéta l'apprentie sorcière.

— Un peu triste et un peu soulagé..., ronronna Salem. C'était amusant d'être un ado... Cela dit, je sens que j'ai besoin de me reposer avant ma prochaine aventure.

Avant que Sabrina ait pu lui répondre, la porte de la chambre s'ouvrit brusquement. Drell apparut, vêtu d'un jean, d'un T-shirt blanc et de baskets chic.

— Hé ! Vous avez le droit de frapper avant d'entrer ! protesta Sabrina.

— Excuse-moi... Je sais qu'il est tard, mais j'ai vu que ta chambre était allumée.

Alors, je suis venu t'annoncer une bonne nouvelle et une mauvaise.

— Commencez par la mauvaise, s'il vous plaît.

— La tempête s'est terminée plus tôt que prévu. Ces gars de la météo sont décidément des nuls. Enfin, je vais rentrer dans l'Autre Royaume et convoquer illico un Conseil pour te punir...

— Mais Salem est redevenu un chat ! protesta l'apprentie sorcière.

Elle désigna la boule de poils qui squattait son lit.

— Qu'est-ce qui me prouve que c'est vraiment Salem ?

— Je croyais que vous sauriez reconnaître mon regard vicieux à tous les coups ! grogna le chat.

Drell grimaça. Pas de doute, ce chat était bien Salem.

— Grrr... En tout cas, soyez sûrs que je vous aurai à l'œil, tous les deux !

— Et la bonne nouvelle ? réclama Sabrina.

— Quelle bonne nouvelle ?

— Vous m'avez dit qu'il y avait une

bonne nouvelle et une mauvaise. J'attends la bonne.

— En fait, il n'y a jamais eu de bonne nouvelle. Il y en avait une mauvaise et une très mauvaise. Et la très mauvaise (pour toi, bien sûr), c'est que j'ai retrouvé mes pouvoirs. Apparemment, seule la tempête m'empêchait de les exercer.

Et Drell zappa.

— Dis-moi, Sabrina, tu préfères être habillée comme ça...

Et un tutu rose à dentelles, un !

— ... comme ça...

Et un charmant ensemble bermuda kaki-chemise à carreaux, un !

— ... ou comme ça ?

Et une robe droite à carreaux bleu et blanc avec une ravissante ancre marine sur le cœur !

— À moins que ceci ne te convienne davantage...

Sabrina se retrouva avec un jean à franges rapiécé et une chemise à fleurs bariolée. À son cou pendaient des colifichets des années soixante censés promouvoir la paix dans le monde. Ses cheveux tombaient en longues mèches sales et négligées. Quand la jeune fille se vit dans la glace de sa chambre, elle crut se trouver mal !

— Alors ?

— C'est horrible, avoua Sabrina.

— Adjugé, vendu ! Moi, Drell, président du Conseil des sorciers, te condamne à porter cette tenue pendant une semaine, pour négligence dans la surveillance de mes affaires et surtout pour atteinte à ma réputation !

— Moi ?

— Et les costumes ridicules dont tu m'as gratifié, tu les as déjà oubliés ?

— Mais je n'ai pas fait exprès ! Allez, quoi, soyez chic, enlevez-moi ça... Il faut que je me rende au lycée, moi ! Je ne peux pas y aller comme ça !

— Pourquoi ? s'étonna Drell en ricanant. C'est très sexy !

— Ce n'est pas sexy du tout, et vous le savez très bien...

— Disons que ça t'incitera à travailler ta magie pour ne plus jamais, jamais, m'obliger à porter des vêtements ringards !

Sur ce, Drell disparut. Un grognement bizarre fit sursauter Sabrina. Sur son lit,

Salem se contorsionnait. Il semblait sur le point d'étouffer de rire.

— Qu'est-ce que je vais faire ? soupira l'apprentie sorcière.

— Je ne sais pas... Je ne suis plus qu'un faible chat...

— Allez, Salem, quoi !

Le chat plissa ses yeux vert et doré avant de suggérer :

— Tu pourrais te transformer en chat le temps que le sort disparaisse...

— Non, pas question !

— Ou alors, tu n'as qu'à lancer un sort sur le lycée pour faire croire que ta tenue ridicule est hyper à la mode... J'aimerais bien voir ça !

Sabrina secoua la tête en imaginant la masse d'ennuis que cette solution entraînerait. C'était le problème avec Salem : il avait toujours des idées dangereuses. Elle ignorait comment elle allait survivre au sort ridicule que lui avait lancé Drell, mais elle était heureuse d'avoir retrouvé le Salem qu'elle aimait : saugrenu, ironique, et surtout, surtout... chat !

Sabrina
l'apprentie sorcière

1. Une rentrée pas ordinaire
2. Une rivale inattendue
3. Un Noël presque parfait
4. Un invité surprise
5. Un amour de sorcière
6. Un week-end très mouvementé
7. Une journée d'enfer
8. Un lundi hallucinant
9. Sabrina fait des mystères
10. Détective de choc !
11. La fête des sorcières
12. Le bal de la pleine lune
13. La double vie de Sabrina
14. Un défi pour Sabrina
15. Des lutins bien malins
16. Drôle de sirène !
17. Une soirée de rêve
18. Magicopoly
19. Un sortilège de trop

La magie de Sabrina (Hors-série)

Sabrina L'Apprentie Sorcière™

Retrouve Sabrina sur CD-ROM et Playstation®

Le 1er jeu d'aventures adapté de la série télé

Knowledge Adventure®

SIMON & SCHUSTER

visit Sabrina The Teenage Witch et www.archiecomics.com

Cet ouvrage a été composé par PCA – 44400 REZÉ
Impression réalisée sur Presse Offset par

BRODARD & TAUPIN
GROUPE CPI

15064 - La Flèche (Sarthe), le 20-11-2002
Dépôt légal : décembre 2002

Imprimé en France

POCKET jeunesse
12, avenue d'Italie • 75627 PARIS Cedex 13
Tél. : 01.44.16.05.00